NF文庫
ノンフィクション

新装解説版

玉砕の島

11の島々に刻まれた悲劇の記憶

佐藤和正

JN149669

潮書房光人新社

本書は、太平洋戦争で玉砕した一一の島々の熾烈な戦いを描いています。

圧倒的な物量で迫り来る米軍。島の形状も変わるほどの激しい艦砲射撃ののちに、火炎放射器や銃砲弾を雨あられと降らせて上陸する米軍に対し、勇戦奮闘、果敢に挑んだ日本兵たちの鬼気迫る捨て身の肉弾攻撃。死屍累々、阿鼻叫喚の地獄絵が展開されるなか、奇跡的に生き残った兵士の肉声を伝える感動のノンフィクション。

はじめに

太平洋戦争において、いくたの玉砕戦が積み重ねられたことは、小国日本の国力の差もさることながら、戦争指導者の戦略ないし作戦指導の大失敗から生じたものであることは明らかである。

第一に、戦場があまりにも広大に伸びきったことがあげられる。東は中部太平洋から西はインド洋まで、北はベーリング海から南は珊瑚海まで、そして中国大陸という底なし沼にも似た戦場をかかえていた。その全地域に日本軍は兵力を無定見に分散したことが悲劇を増幅させる原因にもなっている。

米軍は、オブラートを張りつめたような日本軍の薄い防御地域を、重点的に各個撃破していけばよかった。彼らは勝利のめどを、太平洋上の最短距離にしぼって日本に攻めのぼってきた。そして彼らの通過した道には、野に屍《しかばね》をさらす日本軍の玉砕が残った。

「玉砕」という語は、アッツ島守備隊が全滅した後にはじめて生まれてきた悲劇語である。この語の原典は『北斉書』巻四十一、元景安伝の「大丈夫寧ろ玉砕すべきも瓦全なること能わず」とあるのに基づいたものだが、むしろ戦前からひろく親しまれていた西郷隆盛の七言絶句「偶成」が出典となったものであろう。

幾暦辛酸志始堅　幾たびか辛酸《しんさん》を歴《へ》て志始《はじ》めて堅し
丈夫玉砕恥甎全　丈夫《ますらお》は玉砕するも甎全《せんぜん》を恥《は》ず
我家遺法人知否　我が家の遺法《いほう》人知るや否《いな》や
不為児孫買美田　児孫《じそん》の為に美田《びでん》を買わず

「いやしい瓦となって生命をまっとうするよりも、玉となって砕けよう」という合言葉が敗北戦の中でヒステリックに流布され、将兵や国民を鼓舞激励してきた。そして戦場でのむなしい玉砕が美化されていった。

いかに玉砕戦術をくりかえしても、戦略的失敗を補うことはできないものである。

それでも洋上の孤島で将兵たちは「太平洋の防波堤」たるべく死を賭して戦った。この事実を私たちは見過ごすわけにはいかない。

玉砕戦は、ひとり太平洋上の孤島だけで起こったものではない。大陸であれ、島であれ、戦闘規模の大小にかかわらず戦場のいたるところで引き起こされていた。本書では、その中でもとくに悲劇的な玉砕として、孤島での日本軍の救いようのない玉砕戦のみを選んで収録した。できるだけ生存者にお目にかかり、資料をあさってまとめたものである。ときには目をそむけるような、むごたらしい事実もあったが、遺族や関係者のかたがたの深い悲しみをさそうにしのびず、部分的に名を伏せ、仮名を用いたことを御容赦願いたい。

ここでは収録できなかったが、ブーゲンビル島でのタロキナの玉砕、ソロモンのバングヌ島、マリアナのグアム島、パラオのアンガウル島、東部ニューギニアの玉砕など、酸鼻をきわめた玉砕戦がある。いずれも割愛するにしのびない悲劇の戦史である。さらに戦闘はなかったが、米軍の進攻スピードに追いつけず、戦場の後方に残されて補給もなく、炎熱の下、いたずらに餓死していった島々もある。これらも名と所をかえた玉砕といってよいだろう。

太平洋戦争では、あまりにも多くの人間の悲劇があった。それらの一つ一つが私たち日本人の歴史のひとこまであることは疑いない事実である。これらの貴重な経験を戦史の分野だけに埋没させておかずに、歴史の教訓とし、将来の知恵とし、平和の鍵として活用していくことが、今日の私たちの使命ではないかと考える。

佐藤和正

玉砕の島——目次

写真提供／雑誌「丸」編集部・米国立公文書館

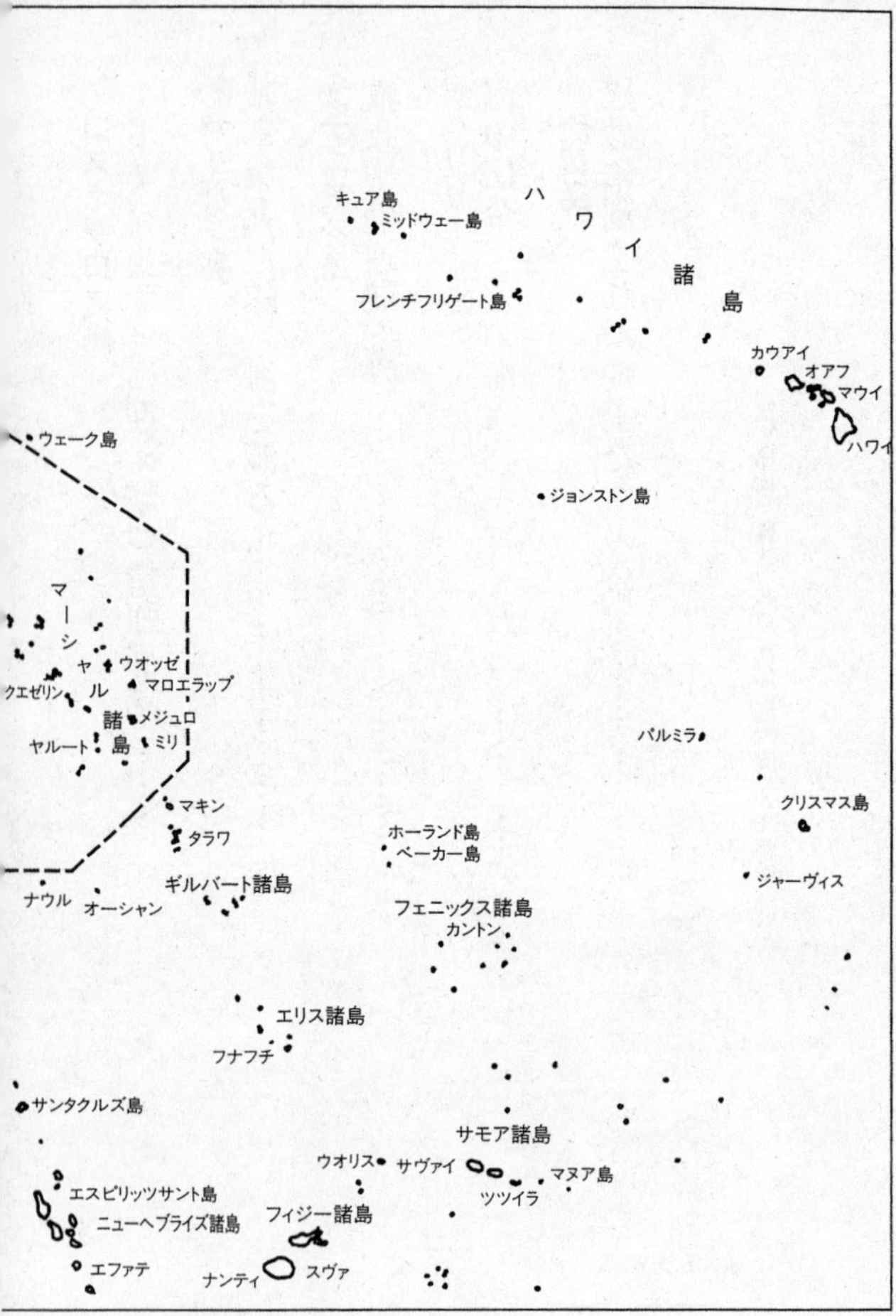

キュア島
ミッドウェー島
ハワイ諸島
フレンチフリゲート島
カウアイ
オアフ
マウイ
ハワイ
ウェーク島
ジョンストン島
マーシャル諸島
ウオッゼ
マロエラップ
クエゼリン
メジュロ
ヤルート
ミリ
パルミラ
クリスマス島
マキン
タラワ
ホーランド島
ベーカー島
ジャーヴィス
ナウル
オーシャン
ギルバート諸島
フェニックス諸島
カントン
エリス諸島
フナフチ
サンタクルズ島
サモア諸島
ウオリス
サヴァイ
マヌア島
ツツイラ
エスピリッツサント島
ニューヘブライズ諸島
フィジー諸島
エファテ
ナンティ
スヴァ

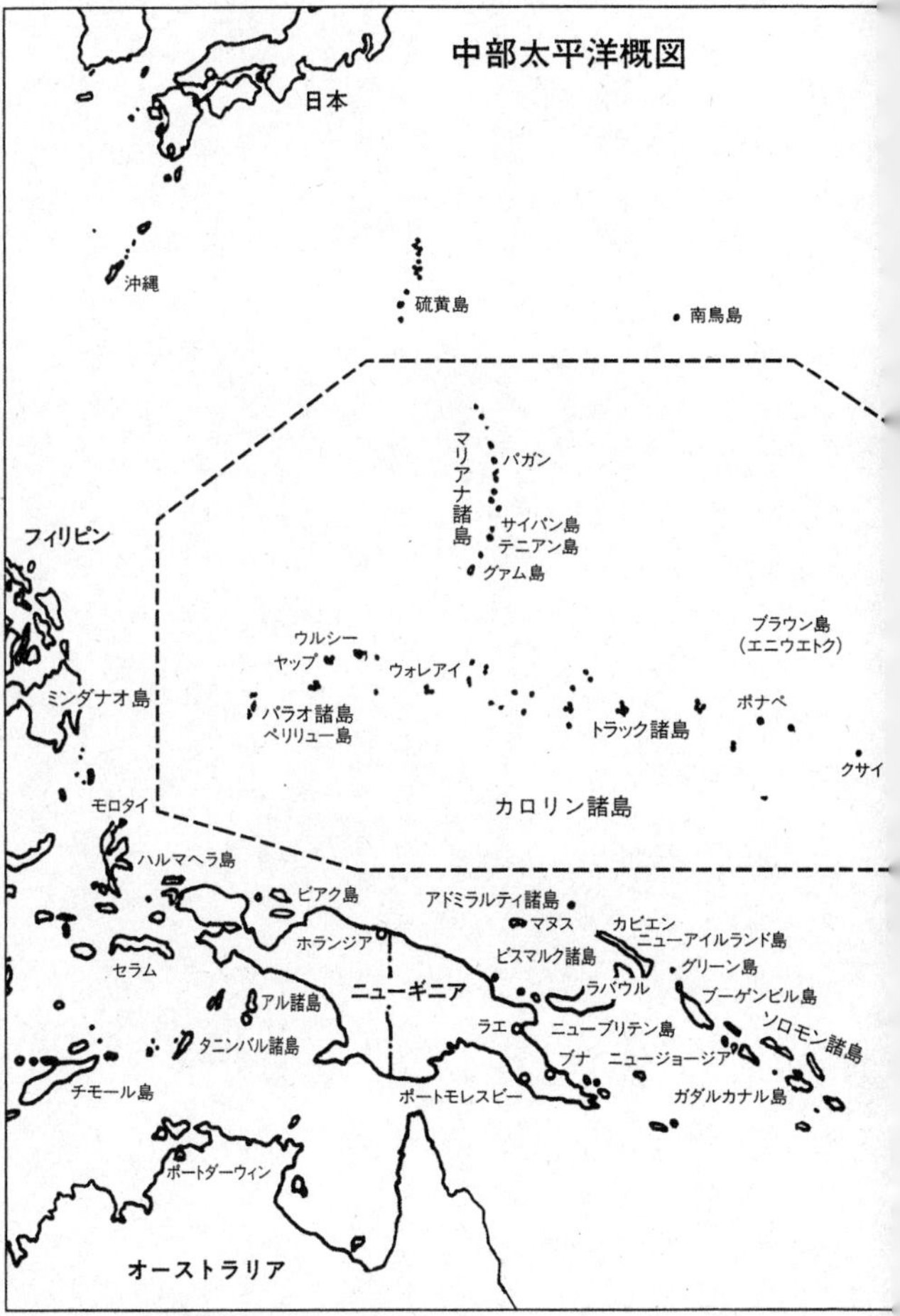
中部太平洋概図
日本
沖縄
硫黄島
南鳥島
マリアナ諸島
パガン
サイパン島
テニアン島
グアム島
フィリピン
ウルシー
ヤップ
ウォレアイ
パラオ諸島
ペリリュー島
トラック諸島
ポナペ
ブラウン島
(エニウエトク)
クサイ
ミンダナオ島
モロタイ
カロリン諸島
ハルマヘラ島
ビアク島
アドミラルティ諸島
マヌス
カビエン
ニューアイルランド島
ホランジア
ビスマルク諸島
グリーン島
セラム
ニューギニア
ラバウル
ブーゲンビル島
アル諸島
ラエ
ニューブリテン島
ソロモン諸島
タニンバル諸島
ブナ
ニュージョージア
チモール島
ポートモレスビー
ガダルカナル島
ポートダーウィン
オーストラリア

玉砕の島

11の島々に刻まれた悲劇の記憶

●玉砕の島①――タナンボゴ島

南の孤島に散った横浜航空隊

昭和十六年十二月八日、日本は米国および英国に宣戦を布告し、悲劇的な太平洋戦争へと突入していった。緒戦は連戦連勝だった。たちまち、日本軍は半年を経ずして赤道以南に軍を進め、豪州をうかがうソロモン諸島にまで達していた。だがミッドウェー海戦以後、日本軍は退勢に傾き、これを挽回する決め手としてソロモンのガダルカナルを戦略基地とする大作戦が立案された。しかし米軍の反応は敏速だった。反攻が開始され、ついにガ島沖のタナンボゴに史上初の玉砕戦が生じた。
●米軍進攻日＝昭和十七年八月七日　●日本軍兵力＝約六〇〇名
●玉砕日＝昭和十七年八月八日　●生存者＝三名

〝武器なく勇敢に戦った〟生存者の証言

開戦してわずか八ヵ月後の昭和十七年八月八日、日本軍はソロモン諸島の一角で皇軍はじまって以来、初めての玉砕戦を体験した。それはアッツ島の玉砕よりも約一年早く、まだ、〝玉砕〟ということばもなかったころである。

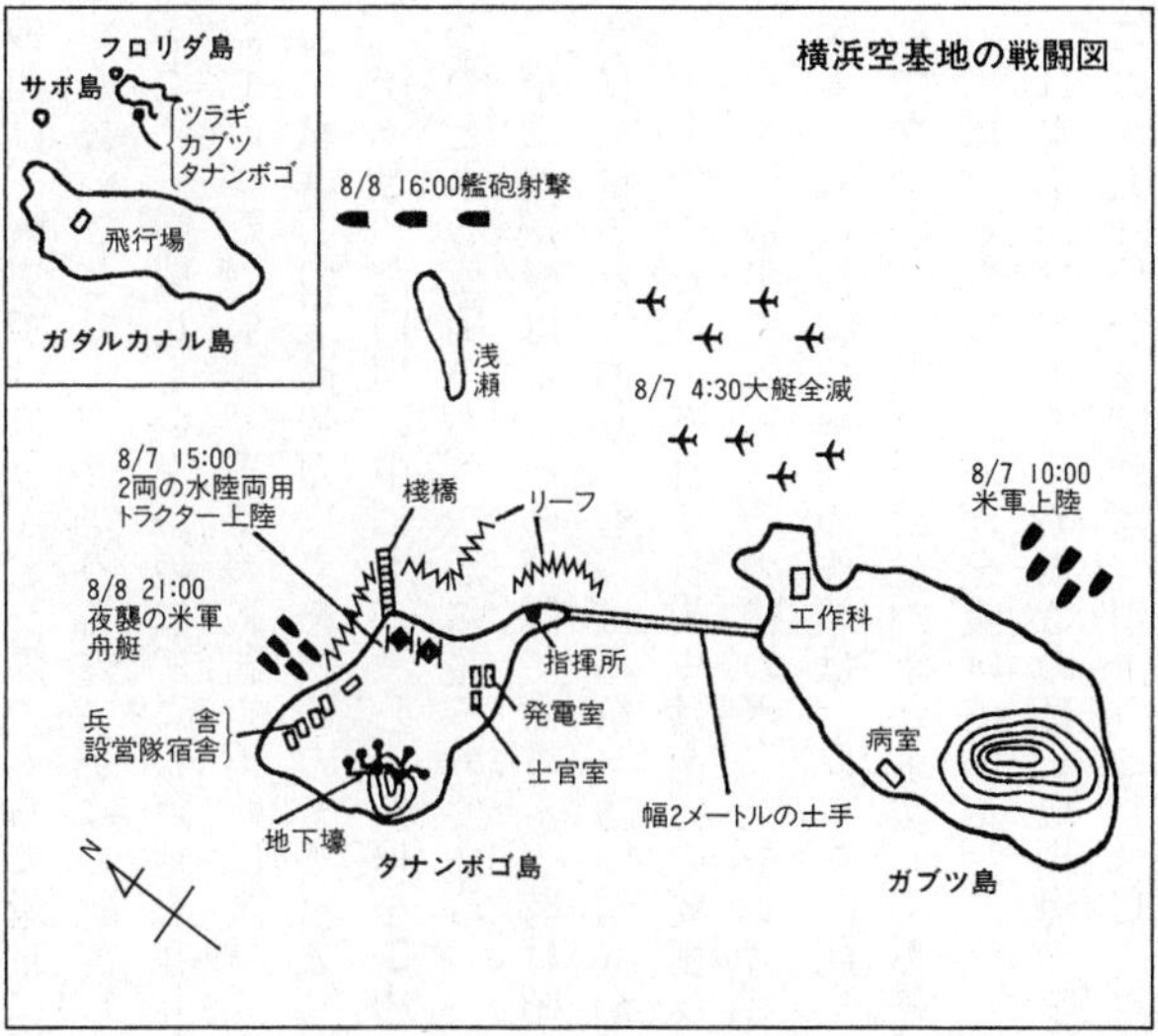

負けることを知らず、連戦連勝、いくところ敵なしの緒戦の情況からみれば、ソロモンのツラギ、ガブツ、タナンボゴの三島の全滅は、日本軍にとって屈辱的なことといってよい。とうぜんこのことは秘密にされ、国民の目からおおい隠された。ミッドウェー海戦の大敗北が公表されなかったのと同様、ソロモンの敗北もまた、ひた隠しに隠されたのである。

「私はそのとき、横浜海軍航空隊の主力に属し、整備兵長としてタナンボゴにいました。強大な米軍の逆襲上陸により、ほとんど全員が戦死、奇跡的に生き残ったのは、私の知るかぎりでは三名です。タナンボゴの戦闘は、戦史ではほとんど一瞬のうちに米軍に掃討されたことになっています。とんでもないことです。浜空《はまくう》の名誉にかけて断言します。われわれは壮烈かつ勇敢、武器もなく、戦闘員もいないのに、よく陣地を守りぬき、米軍に大きな損害をあたえて死んでいったのです。当時の戦闘を正確に証言できるのは、いまでは私一人しかいません。私はこの玉砕戦の真実を、このまま永久に埋もれさせるのにしのびないのです」

淡々とした口調の中にも、激しい気迫をこめて、元海軍整備兵長の宮川政一郎氏は、そのときの死闘をあざやかに語るのである。

横浜航空隊は飛行艇の部隊である。当時は昭和十一年に完成した「九七大艇」が浜空に配備されており、もっぱら第一線の哨戒が任務だった。

十七年一月二十三日、日本軍は南方の要衝ラバウルを占領した。浜空はただちにラバウルに進出すると、その後のポートモレスビー攻略作戦（MO作戦）の準備に参加する。MO作戦の最初の作戦は、ソロモン諸島のガダルカナル島沖にあるツラギ島攻略であった。ツラギには豪州軍が駐留しており、これに隣接するガブツ、タナンボゴの二島とともに水上基地を設けていた。

日本軍がツラギを攻略するのは、珊瑚海の哨戒のうえで絶対に必要だったからだ。この水上基地がなければ、ポートモレスビー攻略も不可能である。

五月三日、トラック島で作戦準備なった攻略部隊は、呉第三特別陸戦隊を主力として、月明の中をツラギ、ガブツ、タナンボゴに上陸した。敵の反攻はまったくなく、三島を無事占領した。占領と同時に基地の設営作業が開始された。その日の夕方までに、豪軍の施設をそっくり利用して、大艇六機、水偵六機分の基地設営を完了。この間に、はやばやと三機の大艇が進出してきた。

ツラギ地区攻略を知った米軍はおおいに驚いた。彼らにとってここは、太平洋の島々と結ぶ重要な情報基地である。翌々日五日、米空母「レキシントン」と「ヨークタウン」から飛び立った艦載機がツラギに殺到、雷爆撃を反復してきた。この攻撃で駆逐艦「菊月」と第一、第二号掃海艇、補給艦「玉丸《たままる》」が撃沈された。

この攻撃があったあと、しばらく米軍の攻撃がとだえた。というのも、その直後の七日、八日の両日、日米両軍の空母対空母による珊瑚海海戦が起こり、「レキシントン」は沈み、「ヨークタウン」は飛行甲板に大穴が開き、ハワイへ修理のため帰投したからであった。

B17の偵察飛行に緊張が走る

「私たちの整備員は、六日にタナンボゴに上陸したのですが、米軍の攻撃によって破壊された水上基地を再建するあいだ、タナンボゴは設営隊にまかせ、大艇は全機ラバウルへ帰投することになりました。私もいっしょにラバウルへ引き揚げたのです。そして七月上旬、再度タナンボゴに進出したときは、司令の宮崎重敏大佐のもと、浜空の主力が大挙して移り、強力な哨戒作戦を展開することになりました」

タナンボゴは、ツラギの東、約三〇〇〇メートル離れたところにある。後楽園球場をひとまわり小さくしたような小島で、となりに、三〇〇メートル離れて同程度の大きさのガブツ島が並んでいた。両島は石を積んで土留《どど》めした幅二メートルの土手で結ばれ、双子島を形成していた。

タナンボゴのほうには、浜空の本部と指揮所、発電室、電信室、兵舎、桟橋などがあり、設営隊によって作られたトンネル状の立派な地下壕ができあがっていた。ガブツのほうには野戦病室がおかれ、工作班と舟艇班の兵舎ができていた。海上には、八機の大艇が悠々と翼を休めている。

浜空の再進出と時をおなじくして、上空警備のため佐藤大尉の指揮する二式水上戦闘機九機が、対岸のフロリダ島の水上基地に進出してきた。したがって水戦隊関係の一部兵員がタナンボゴに同居することになった。このときの両島の兵員は、浜空大艇隊が三五〇、水戦隊六〇、第一四設営隊一二〇、工作関係五〇、特陸派遣隊二〇で、合計六〇〇名ほどとなっていた。

タナンボゴに進出した浜空は、毎朝三機ずつ、南東方面の海上を扇形に四〇〇マイル航程で哨戒飛行をおこなっていた。しかし海上は平穏で、敵船団や艦隊を発見することはなかった。

そのころタナンボゴの南方、三五キロの洋上に浮かぶガダルカナルでは、海軍設営隊が日に夜をついで飛行場を急速設営していた。八月五日には、長さ八〇〇メートル、幅六〇メートルの滑走路ができあがり、すでに一式陸攻が離着陸に成功していた。

海軍によるガ島の飛行場建設は、米軍に衝撃的な驚愕をあたえた。ここから日本軍の飛行機が飛び立つと、珊瑚海が制圧されるばかりか、南太平洋での米軍唯一の拠点であるエスピリッツサント島やニューカレドニア島が危機にひんする。それどころではない。米・豪を結ぶ海上交通路が遮断されて、オーストラリアは孤立し、連合軍の南からの反攻計画は挫折の憂き目をみることになる。

ことの重大性をみてとった太平洋艦隊司令長官ニミッツ大将は、本国西岸からかき集められるだけの水上部隊と船舶を結集し、可能なかぎりのあらゆる兵力をそそぎこんで、大規模反攻作戦を企てたのである。

「そのころ、高々度でB17がよく偵察に現われていました。八〇〇〇メートルの上空を、四本の白い飛行雲を引きながら航過してゆくのです。ツラギには三年式八センチ高角砲が一門あるにはあるのですが、旧式なので発砲しても五〇〇〇メートルしか届かんのです。ものの役にはたちませんでしたね。そのうち砲身にヒビが入ったとかで、沈黙してしまいました。情けないもんですよ。その後、毎朝十時ごろになると、定期便のように三機のB17がやってきては偵察して、帰りに爆弾を落としてゆくのです。高々度だし、当たればめっけものといった投弾ですからほとんど被害はありませんでしたがね。

八月三日か四日のことです。業を煮やした水戦が、このB17に迎撃をかけましてね、小林一飛曹の機が体当たりしたんです。ブワッと黒煙があがり、両機がバラバラに空中分解して墜落してきました。みな、粛然として見守っていましたが、私のそばで佐藤大尉が、「ああ、もったいない、体当たりなんかする必要はないんだ、戦闘機は機銃を撃てばいいんだ、死ぬことはないんだ』と、くやし涙を浮かべてつぶやいていたのを覚えています」

米軍の偵察飛行がひんぱんになるにつけ、浜空も緊張して索敵を続行した。だがこのところ連日のように空は曇り、雲海にさえぎられて海上の見通しは悪く、哨戒の実はあがらなかった。

八月六日、この日も天候不良だったが、突然、最新鋭の二式大艇が連絡のためラバウルから飛んできて、戦給品を大量に持ってきた。このため夕食には、全員に酒、ビールが支給され、兵たちはひさしぶりにリラックスした。隠し芸や歌がつぎつぎに飛び出し、愉快な一夜が過ぎたのだが、これが最後の宴になろうとは、だれも思ってもみなかったのである。

全機炎上、視界すべてが敵船で埋まる

にぎやかな宴が終わり、九時には全員が就寝していた。一時間ほどたったころ、『整備員総員起こし』の号令がかかった。

「その夜十時ごろ、ラバウルから無電がはいり、『異常電波を傍受したのでツラギ方面の警戒を厳にせよ』とのことだったのです。ただちに警戒が令せられ、いままでの哨戒四〇〇マイルを六〇〇マイル哨戒に延ばされることになりました。整備員は全力で大艇の燃料補給をはじめたのです。沖に係留している大艇のところまでドラム缶を船で運び、洋上補給するので時間がかかります。私は二時から六時まで見張り当番になっていたので、指揮所に詰めていました」

哨戒距離が延びたので、搭乗員整列の時間が繰り上がって、三時半とされた。その

日は風もなく、海上は静まりかえって、大艇と陸とを往復する補給船のエンジン音が鋭く聞こえるだけだった。泊地には、大艇の異端の赤と青の灯火が美しく輝いている。宮川整長は、三時を回ったところで『搭乗員起こし』をかけた。すでに大艇の燃料補給は終わっていた。

指揮所前に整列した搭乗員に、副長兼飛行長の勝田三郎中佐が命令を伝え、飛行隊長の田代少佐が短い注意をあたえると、搭乗員たちはいつもの調子で悠然とゴムボートに乗りこみ、それぞれの愛機へと散っていった。

やがて大艇はエンジンを始動し、洋上滑走をしながら暖機《だんき》を開始した。水すましのように、各機の翼端灯が、スイスイと洋上を走っている。時計は四時十分になろうとしていた。あと五分もすれば大艇は離水する。

「そのときです、指揮所の電話が鳴り、ツラギの陸戦隊本部から〝空襲〟の警報が飛びこんできました。勝田副長は受話器をとって確かめると、急いで警鐘を鳴らしたのです。いままで敵は高々度で来襲し、爆音が同時に聞こえてくるのに、このときはなんの気配もなく、私は変だなと思いながら見張りの眼鏡でガ島方面を見ると、水上を超低空で飛んでくる黒い丸いものがいくつも目に入りました。一瞬、なんだろう？と思っていると、それが急に大きくなり、こっちへ真一文字に飛んでくる敵戦闘機の機首だとわかりました」

　時すでに遅かった。大艇はまだ離水できない。敵機は泊地にうごめく大艇群めざして殺到、激しく銃弾を浴びせてきた。応戦の暇はなかった。敵機はグラマン一〇機以上で、洋上滑走をつづける大艇を目標に、くり返しくり返し銃弾をたたきこむ。銃撃された大艇は、つぎつぎに炎上し、流れ出したガソリンは泊地を火の海と化した。敵の第一波攻撃で、八機の大艇は無残にも全機炎上沈没、つづいてフロリダ水上基地の水戦も、なすところなく全機破壊炎上した。

「全機全滅か、浜空の功績も、これですべて帳消しになったなあ……」

　暗澹とつぶやく勝田副長の声は、弔辞のように湿って重苦しい。

　八月七日の朝が白々と明けてきた。大艇搭乗の生存者数名が泳ぎついてくる。火傷を負った者や負傷した者など、惨憺たるありさまだった。

『来襲したのは艦載機だ。ということは空母を主力とした機動艦隊が近くにいることになる。米軍が夜間発艦をするのはよくよくのことだ。とすると、六〇〇マイル哨戒のため大艇を早朝始動したのを見た敵が、機動部隊を発見されたものと誤認して、あわてて戦闘機を急速発進させたのではなかろうか。あまりにもタイミングがよすぎる。わが方を監視していたのは、ひょっとすると潜水艦か？』

宮川整長は混乱した頭を整理しながら、眼鏡を南の海上に走らせた。そのレンズの中に突然、おびただしい数の艦船が飛びこんできた。駆逐艦を先頭に、巡洋艦や輸送船が、いましもサボ島方面から進入してくるところだった。宮川整長は叫んだ。

「副長、あれは味方でしょうか？　敵の艦船でしょうか？」

勝田中佐は黙って首をかしげたまま返事をしない。敵味方の区別がつかないのだ。やがて艦船はガ島沖にずらりと並んでしまった。視界すべてが船で埋まるほどだった。

七時過ぎ、またもや第二波の空襲がはじまった。こんどは地上施設を銃撃してくる。

「私はすぐそばの防空壕に飛びこみました。ここは士官室の近くだったので司令以下、隊の幹部が皆いっしょでした。機銃掃射が一段落すると、こんどは艦砲射撃がはじまりました。そしてまた艦爆の急降下爆撃です。機銃掃射と砲爆撃が入れかわり立ちかわり、いやじつにひどいものでした」

鎌とスコップだけで米兵に襲いかかる

ガダルカナルとツラギ方面に来襲した米軍兵力は、機動部隊が「サラトガ」「エンタープライズ」「ワスプ」の空母三隻を基幹とする戦艦一、重巡五、軽巡一、駆逐艦一六、油槽船五からなり、この支援部隊のもと、直接日本軍を攻撃する水陸両用部隊

昭和17年８月７日、米軍機の攻撃で炎上するタナンボゴ島。同島はツラギ島と同様にフロリダ島の南端にあり、ガブツ島（後方）と堤防で結ばれていた。

は、重巡六、軽巡二、駆逐艦一五、掃海艇五、輸送船二三、海兵隊一万九一〇五名という大部隊だった。

このうちツラギ、ガブツ、タナンボゴの三島を攻略する部隊は、輸送船八隻の船団と、軽巡一、駆逐艦二が割り当てられていた。兵員は四個大隊、約八〇〇〇名である。

これに対するわが軍は、ツラギに鈴木正明中佐の指揮する第八四警備隊約四〇〇名がいるだけだった。一方、タナンボゴ、ガブツに約六〇〇名の日本兵がいるとはいえ、戦闘訓練を受けたことのない飛行科と設営隊員ばかりである。しかも武器といえば歩哨用に配備された三二梃の小銃があるだけだった。あとは大艇からとりはずした故障中の二〇ミリ機銃二梃、一三ミリ機銃二梃、七・七ミリ機銃一梃が倉庫においてあった。これらは無理に使って使えなくはないが、故障中なので弾丸は単発でしか出ない。とても武器としては使えないものだった。

「朝九時ごろ、敵の上陸用舟艇が一〇〇隻ほど近寄ってきました。最初、敵は目標をまちがえてフロリダ島の湾に向かいましたが、やがて引き返してくると、十時ごろガブツの東岸に上陸してきたのです。ガブツには病室と工作班と舟艇班の約一〇〇名がいましたが、武器はなにもありません。彼らはおそらく素手で戦ったものと思われます。もちろん、アッという間に全滅してしまいました。

タナンボゴ側では、小銃を持った者を桟橋付近の壕に配置して、ここからガブツに上陸する米兵を狙撃して援護するのがせいぜいでした。ガブツを制圧した敵はその後、目立った動きがなく、日没とともに戦場は小康状態となったので、こっちは防御態勢を立て直すとともに、炊飯をおこなって腹ごしらえをしました。戦場とは妙なもので、一時期、このような真空状態が現出するものなんですね。

夜の九時ごろです。タナンボゴの北側から敵は六隻の上陸用舟艇で進撃してきました。米軍にしてはめずらしく夜襲をかけてきたのです。見ていると陸岸から五〇メートルほど先にあるリーフに先頭艇がのし上がったまま動かなくなったのです。これを見て、それっとばかり兵たちは、海中に躍りこんでこれを襲撃したのです。こっちは武器がないので鎌とかスコップとか鉄棒を持って襲ったのです。敵はあわてふためいて後続艇に乗り移ると、一目散に逃げていきましたよ。このとき十数名の米兵を血祭りにあげ、舟艇におき去りにした一三ミリ機銃と弾薬をそっくり分捕ってきました。彼らはなんのために夜襲をかけてきたのですかねえ。作戦も、戦法も単純ですし、無謀といおうか、無知といおうか、まったくバカげた攻撃でしたね」

この日の戦闘では戦死者は意外に少なく、タナンボゴではわずか一〇名たらずだった。約五〇〇名の将兵は、島の中央部を掘削した地下壕に全員たてこもって夜を明かした。

降りそそぐ艦砲射撃に生き残った二人

八日の朝が明けた。ガブツに上陸した敵は丘の上を占領したまま動かなかった。

「われわれのところにはガソリンと爆弾がたくさんあります。そこで敵をむかえ撃つためにガソリン缶を桟橋付近や敵が上陸してきそうな海岸に並べ、いざとなればこれに火を放つ作戦を考えたのです。さらに二五〇キロ爆弾の信管をはずして手榴弾がわりとしました。信管は威力はありませんが、それでも敵兵を殺傷するだけの炸裂力はあります。

こうして私は、地下壕の東端で敵の攻撃を待っていると、北側の地下壕の前で小銃座を構築していた兵器係の大森兵曹から、作業を手伝えといわれたのです。私はいっしょにいた工作科の、まだ一八歳の桜井二水とともに兵曹のほうへ移動しようとすると、第一分隊長の藤沢大尉が『おまえたちはその壕から動いてはいかん、見張りとして残っておれ』と命じられたのです。この藤沢大尉の命令が、私を救ってくれることになったのです」

昼過ぎまで、米軍の攻撃はなかった。

やがて午後三時ごろ、米軍は一斉攻撃を開始してきた。彼らは中腰になって射撃しながら、陸橋づたいに進撃してくる。武器さえあれば狙い撃ちできるのだが、散発的な小銃の発砲で対峙せざるをえなかった。それでも敵は二〇〇メートルまで近づいてきたが、小銃狙撃に恐れをなしたのか、そのまま後退していった。

ついで四時ごろ、米軍は兵員輸送用の水陸両用トラクター（ＬＶＴ１）二両で、海側からリーフを乗りこえ、指揮所前方の海岸に上陸してきた。このＬＶＴは、二〇名の兵員を搭載できるものだが、当時はまだ武装がほどこされていなかった。

だが、守備隊の将兵の目には、このＬＶＴが水陸両用戦車に見えた。戦車だとすれば、たった二両でもこの島は蹂躙されるだろう。

北側の壕にいた将兵は、まなじりを決して飛び出していった。彼らの手には鉄棒や棍棒がにぎられていた。兵たちは走る戦車に駆けよると、鉄棒や棍棒をキャタピラと転輪のあいだにこじ入れ、ガソリンをぶっかけて火を放った。むらがる日本兵に、ガブッから機銃弾が雨とそそがれた。

「このとき、勝田飛行長が戦車に馬乗りになって、内部の米兵を拳銃で撃っていました。これが、私が飛行長の姿を見た最後でした」

将兵の壮烈な肉薄攻撃により、二両のＬＶＴは擱座炎上した。だがその周囲には、四二名の日本軍将兵が折り重なって倒れていた。

タナンボゴ攻略に失敗した米軍は、こんどは五時ごろ、軽巡一隻、駆逐艦二隻を島の前面五〇〇メートルの至近距離に進出させてきた。三隻は一列に並ぶと左砲戦の隊形をとり、五インチ砲による猛烈な艦砲射撃を開始したのである。

米艦は、北側に向いて開いている地下壕の入口を狙い撃ちしてきた。たちまち砲弾は壕内に飛びこみ、兵は全滅する。かろうじて全滅をまぬがれた壕でも、生存者のほとんどが重傷を負い、彼らの生命も時間の問題だった。

「ごく最近、私は、当時の設営隊員で、たった一人奇跡的に助かり、米軍の捕虜となって帰還された方を発見して聞いたのですが、浜空司令の宮崎大佐は、そのとき壕内で自決されたということです。おそらくすべての将兵が爆死し、あるいは重傷を負って戦力が完全に喪失したのを確かめたうえでの自決だったと思います。私は司令とは別に、東側にあるV字形の壕内に避退していたのですが、ここにも命中弾がありました。土がくずれ、入口がほとんどふさがれ、同時に私も土砂に埋もれて失神してしまったのです」

全島をおおいつくす砲弾の雨で、タナンボゴの日本軍は、吹き上げる土砂とともに砕け散った。それは最後の突撃も許されない、無抵抗の玉砕だった。硝煙が晴れたとき、米軍が壕内に見たものは、頭はくだけ、手足は散乱し、五体のととのった死体がほとんどない惨状だった。

「失神してから何時間たったでしょう。ふと気がつくと米兵の声が聞こえたのです。外はすでに真っ暗。この壕には私と桜井の二人しかいませんでした。『おい、桜井、生きているか?』私の声に彼は弱々しく、『はい、だいじょうぶです』という返事。どうやら二人は無傷だったのです。このときから私たちは、この壕の中で三〇日間の、地下生活をはじめることになったのです」

翌日から地上では、米軍が残敵掃討をはじめた。二人のいる壕も、何度か米兵にさがされたが、彼らは決して中に入ってこなかった。入口から自動小銃を撃ちこみ、手榴弾を投げこむ。そのたびに二人はくずれた土砂の陰に隠れて難を逃れていた。壕内には、幸いなことにミカンの缶詰が二ダースと、つぶれて砂だらけになった梅干しの樽が一個あった。日本軍が反攻上陸してくるまで、なんとかがんばろうと、二人は乏しい食糧をなめるようにして食いのばしながら隠れていた。

日本軍はかならずやってくる、と宮川兵長は信じていた。上層部の作戦指導がどうなっているのか、皆目わからないが、この基地が、日本軍にとって最重要地点であることを彼は本能的に感じていた。生きつづけてさえいれば救出される日がかならずくる、と彼は確信していた。

宮川兵長の確信は決して盲信ではなかった。日本軍はツラギとガダルカナルの奪回に全力をあげていたし、ガ島をめぐる陸上と海上の死闘は半年間をこえ、さらにガ島上空を舞台とした航空戦は一ヵ年もつづいたのである。

隣の島をめざして決死の脱出

地下壕に潜伏して約一ヵ月ほどたったころ、突然、数人の米兵がやってきて壕の入口をスコップで埋めはじめた。これでは生き埋めになってしまう。あわてた二人はその夜、島を脱出することにした。

真夜中になって、二人は地中から這い出ると、米兵の歩哨のあいだをひそかにぬけて海岸に出た。満月に近い月の明かりが邪魔だった。もはや日数は判然としなかったが、月の具合からみて九月十二、三日ごろではないかと彼は考えた。

宮川兵長は泳ぎは得意だが、桜井二水は泳げなかった。海岸にころがっていた醤油樽を浮きがわりに持たせると、二人はしぶきを上げないように気をくばりながら、ひそかに対岸のフロリダ島めざして泳ぎはじめた。

フロリダまで直線距離で一六〇〇メートルほどある。しかし強い潮流に流されて、彼らは二〇〇〇メートル以上は泳いだ。苦労しながらどうにか対岸にたどりつき、こんどはジャングル生活を送ることになった。

着ているものは二人とも上下つづきの、俗にいう菜っ葉服という作業衣だったが、熱帯雨林の中での生活でたちまちボロボロになってしまった。

二人の唯一の携帯品は、壕でひろった一本の包丁しかなかった。この包丁で椰子《やし》の実を割り、タロ芋の皮をむき、野生のパパイヤを千切りにして食べた。すべて生のまま食べるので、たえず腹痛に悩まされた。火をおこしたくても火種がなかった。木をこすり合わせて発火させる方法は知っていたが、こすりつづけるだけの体力が彼らにはなかった。

夜はバナナの枯れ葉をかぶって寝た。一日にかならず二、三度やってくるスコールに、はじめのうちは濡れ鼠になっていたが、ジャングルの繁みに枯れ枝で犬小屋のような屋根をふいてもぐりこむようにした。

ジャングルは、彼らの生息にも決して安全なところではなかった。おそらく原住民の通報によるのだろう。小屋を作ると、きまって米兵が掃討にきた。ジャングル内で駆け出すことは禁物である。葉の揺れで居どころが露見するからだ。ひたすら繁みにうずくまってじっと息をひそめているしかない。目の前に、銃をかまえた米兵の軍靴が立ち止まったことも何度かあった。

約一ヵ月のジャングル放浪にすっかり衰弱した二人は、原住民のバナナ畑に出ても、木をのぼってバナナをとることもできなかった。宮川兵長が包丁をふるってバナナの木を倒していたとき、突然、三人の原住民が現われた。彼らは身ぶり手ぶりで集落にこいという。熟れバナナもあるし、ふかした芋もたくさん食べさせるから木を倒すなというのである。

漆黒に近い皮膚のメラネシア原住民は、以前から日本軍には好意的だった。彼は桜井二水と相談して彼らにしたがうことにした。集落に着くと、一〇〇人あまりの住民が集まってきた。酋長らしい男が出てきて、熟れたパナナやタロ芋をどっさり出してくれた。警戒心をゆるめて、二人は腰を下ろすとむさぼり食った。

そのとき、背後からいきなり数人の男たちが組みついてきたと思う間もなく、喚声《かんせい》を上げてつかみかかる原住民の群れの中で、二人はたちまち手足を縛り上げられてしまった。

原住民はなおも喚声を上げながら、丸太を持ってくると縛った手と足のあいだに通して、逆さ吊りにしたまま二人をかつぎ上げた。まさに二人はジャングルの獲物となった。

宮川兵長は、原住民に火あぶりにされるものと思った。しかし彼らは丸太にぶら下げた獲物をかついで大きな沼に出た。沼に放りこまれるのか、と彼は思った。しかしそうでもなさそうだ。原住民たちはさらに海岸に出ると、二隻のカヌーに一人ずつ放りこんで漕ぎ出した。

〝そうか、鱶《ふか》の餌食にするのか〟

彼はカヌーに横たわったまま観念の目を閉じた。

結局二人は、ツラギの米軍に引き渡されて捕虜になったのである。

「私は捕虜になり、ニュージーランドの収容所に入れられ、戦後、無事に帰還することができました。しかしいまなお忘れられないのは、玉砕した浜空の戦友たちです」

玉砕に生き残った宮川元整備兵長の脳裡には、決して消えることのない永遠の苦悩がきざみこまれているのである。

●玉砕の島②——アッツ島

嵐と霧と雪の中の死闘

南方ではガダルカナル島をめぐる陸海空の熾烈な攻防戦が展開されている中で、昭和十八年四月十八日、連合艦隊司令長官山本五十六大将がブーゲンビル島のブイン上空で戦死した。長官の死は、この大戦での象徴的な出来事だった。これ以後、ソロモン戦線は後退の一途をたどる。南方に目が向けられているとき、突如として米軍はアリューシャン列島の奪回を策してきた。そしてその矛先はアッツ島をめざしていた。

●米軍進攻日＝昭和十八年五月十二日　●米軍兵力＝約一万一〇〇〇名
●日本軍兵力＝約二六五〇名　●玉砕日＝昭和十八年五月二十九日
●生存者＝一六名

玉砕前夜の地獄図絵

「死というものが、どんなに簡単で、あっけないものか、私はつくづく思っているんです。決して怖いものでもなければ、悲しいものでもありません。生にくらべて死は、静かで単調なものです。あれは五月二十日だったと思います。私は馬の背と呼ぶ峠の

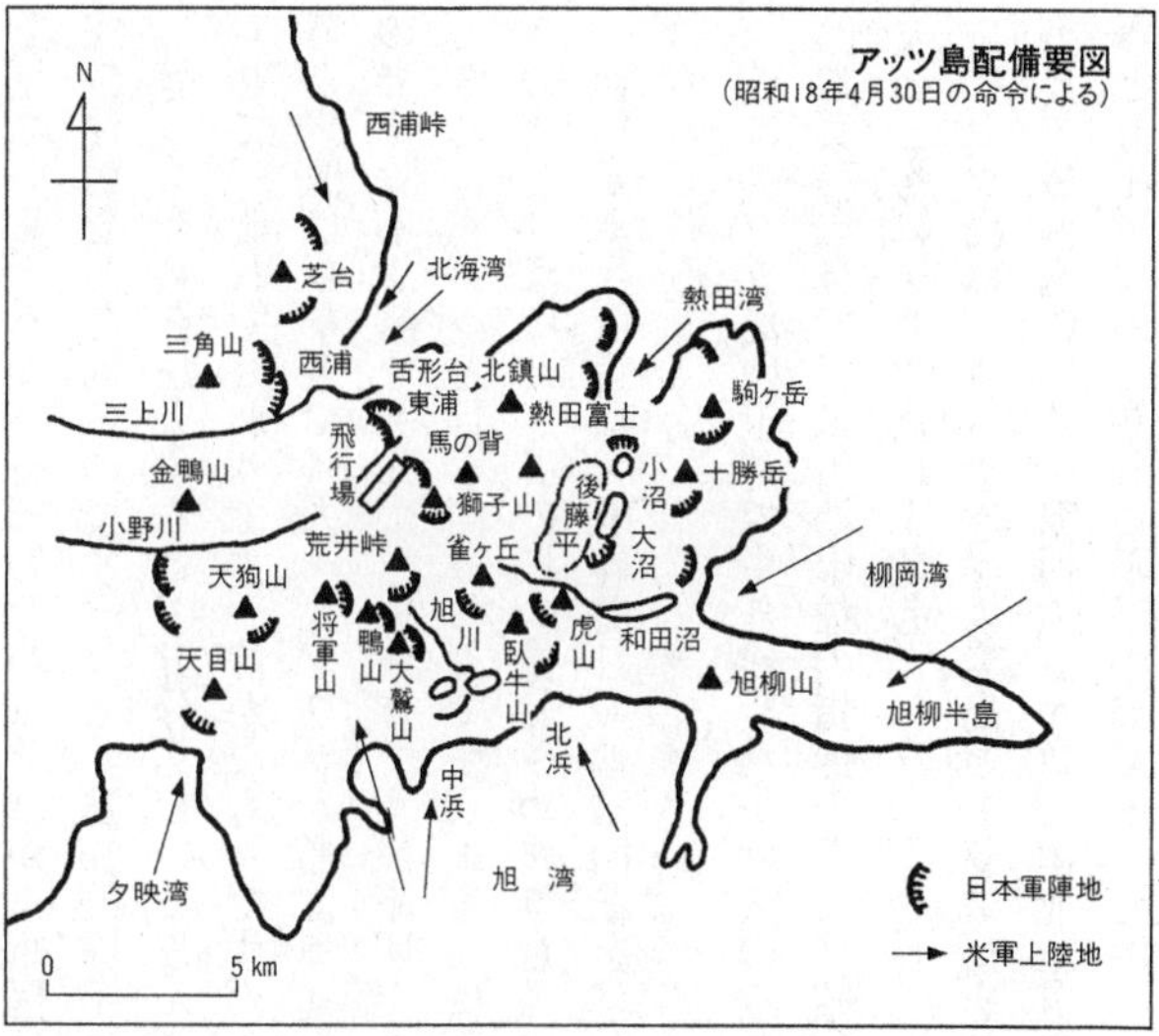

陣地で、右足のひざから下を艦砲射撃で吹き飛ばされ、そのあと敵機の機銃掃射で左足大腿部に盲管《もうかん》を受けてしまったのです。戦友にかつがれて、熱田《あつた》湾の野戦病院に収容されたのですが、目に見えて圧迫される戦況に、身動きできない自分を呪ったものでした。

そしてついに、あの日がきたのです。いいえ、玉砕の前日です。軍医がきて、ガソリン缶を一缶と手榴弾一個を、奥にいる重傷の軍曹に黙って渡したのです。それを見て、ああ最期なんだな、と思いました。不思議になんの感情もわいてきませんでした。まるで静止したネガフィルムを見ているような気持でしたね。それから軍医は、意識がはっきりしない重傷者に、空気注射をして回るのです。ひどく事務的な手つきでした。

静脈に空気を注入すると、五分くらいでみんな死んでゆきました。ヒクッとけいれんして、それで終わりです。静かなもんです。それでも死にきれない者がいます。すると軍医は、拳銃で一人一人、ワラ人形に弾丸をぶちこむように額を撃ちぬいてゆくのです。不思議なもんで、いままで意識不明だった重傷者が、額に銃口を当てられたとたん、パカッと目を開けるんです。虚《うつ》ろなにごった目でした。おそらくなにも見えんのでしょうけど、この世の見おさめに無意識に開けるんでしょうかね……」

朝竹元歩兵伍長は、玉砕前日の地獄図絵《ずえ》を、それこそ不思議なくらい冷静に淡々と語るのである。

彼はアッツ島の玉砕で生き残った一六人のうちの一人である。北海道旭川の第七師団歩兵科出身で、米川浩中佐の指揮のもと、昭和十七年十月三十日、約六〇〇名の戦友とともにアッツ島に上陸した。

アッツ島は、カムチャツカ半島とアラスカを結ぶ、首飾りのようなアリューシャン列島の最西端にある。東西六五キロ、南北三五キロのこの小島は、年間を通じて嵐と霧と万年雪におおわれた不毛の島であった。

これより先、六月上旬、ミッドウェー作戦の支援として西部アリューシャン攻略作戦が同時進行し、キスカとアッツの両島を占領、第七師団の穂積部隊、約一〇〇〇名がアッツの守備についた。

ところが米軍はキスカ奪還を狙っている模様との情勢判断から、大本営は九月十八日、アッツの兵力をキスカに移転して防備を固めさせた。しかしこのままアッツを無人のままにしておくわけにはいかない。キスカはアッツの東方三五〇キロの位置にある。アッツに米軍が上陸するとキスカは袋のネズミだ。そこでアッツ再占領の企図が上程《じょうてい》され、米川部隊の進駐となったのである。

もともと米軍は、アッツ島の戦略的価値をあまり認めていなかった。とはいえレッキとしたアメリカ領土である。プライドに賭けて米軍は反撃を開始してきた。派遣する日本の輸送船は、空から攻撃されてたびたび損害を出した。それでも空襲の間隙を縫って十一月十二日に米川部隊の後続兵力五四五名、同二十五日に四五〇名がつぎつぎに上陸した。

翌十八年一月三十一日、こんどは渡辺十九二少佐の率いる第七師団第三〇三大隊の主力約七〇〇名が上陸。三月十日、最後の後続部隊、約三五〇名が到着して、アッツ島守備隊は歩兵一大隊半、山砲一中隊、高射砲一二門、工兵一中隊を基幹とする約二六五〇名の兵力となった。

ついで四月十八日、守備隊を統轄指揮する山崎保代大佐が、高射砲大隊長・青戸慎士少佐と、砲兵大隊長・波々伯部利雄大尉らとともに潜水艦で着任した。この日は奇しくも、山本五十六連合艦隊司令長官が、ブーゲンビル島のブイン上空で、敵機に襲われて散華した因縁の日であった。

霧にまぎれて米兵が続々上陸

このころ米軍の活動は活発をきわめていた。敵機がたびたびアッツ島上空に現われては、建設中の飛行場や構築陣地を銃爆撃していく。海上では米艦船が出没し、猛烈な艦砲射撃をみまうこともあった。

しかも四月に入ってから、アメリカは公然とアリューシャン反攻の宣伝を電波にのせていた。陸軍参謀本部では、濃霧の時期に上陸してくるのではないかと考えた。濃霧の季節は、五月からはじまる。この時期は風が弱まり、波がおさまる。

アッツ島では、飛行場建設のため陣地構築をあとまわしにして工事に全力をそそいでいた。それでも完成は六月になろう。内地からの輸送船はいつくるかわからなかった。兵舎用の資材も飛行場建設に流用し、兵たちはテントで寝起きしていた。彼らを悩ませたのは食糧の欠乏だった。このままでは五月中旬までしかもちそうになかった。四月一日から米は一人一日三合と制限された。副食はフキの佃煮だった。六月になれば、アッツの川に鮭や鱒がのぼってくる。兵たちはそれが唯一の楽しみだった。

空腹と寒さと、毎日二回かならずやってくる敵機の空襲と戦いながら、二六五〇名の将兵は雪と氷と岩のあいだで、ひたすら内地からの輸送を待ちつづけていた。

こうした状況の裏側で、米軍はアッツ攻略の戦備をととのえていた。最高指揮官にはキンケード海軍少将が任命された。彼はアッツ島奪回に異常な情熱を燃やしていた。五月五日、キンケードは戦艦三、重巡三、軽巡三、護衛空母一、駆逐艦一九、攻撃輸送船四、その他、給油艦、掃海艇、母艦など約四〇隻を率いてアラスカのコールド湾を出撃、一路ベーリングの荒海を西進していた。

輸送船にはA・E・ブラウン陸軍少将の率いる第七師団の戦闘団一万一〇〇〇名が乗船していた。彼らの上陸予定日は五月八日とされていた。

その日、アッツ島を偵察した飛行機は、八日は磯波が高く上陸不可能と打電した。そこで米軍は上陸日を十日に延期した。だが前日の九日の天候はきわめて悪く、海上の波は高かった。このため上陸日をふたたび繰り下げて十二日とし、部隊はアッツ島の北約一五〇カイリの海上で燃料を補給した。

この間、濃霧が海上にたちこめ、日本軍の飛行機および潜水艦の米艦隊発見をさまたげていた。そして十二日がきた。

五月十二日、その日は米軍にとって絶好の気象条件だった。上陸部隊は霧に隠れて、午前十時三十分、三方からいっせいに上陸を敢行した。だがこの時点で、日本軍は敵の上陸をまったく察知していなかった。

米軍の北方部隊といわれる主力は、北海湾の西浦岬西北海岸に上陸してきた。この上陸地点は明らかに守備隊の意表を衝《つ》くものであった。彼らは日本軍の反撃を受けることなく日没までに約一五〇〇名の陸兵を揚陸させたのである。

さらに南方部隊の主力は、旭湾の北浜を上陸地に選び、これまたなんの抵抗も受けずに陸兵約二〇〇〇名の揚陸を完了。たちまち海岸頭に司令部をもうけた。

また一個小隊相当の支上陸隊が、旭柳半島から侵入、半島を北上しはじめた。これと前後して柳岡湾、夕映湾からも小部隊が上陸していた。

いまや米軍はなにごともなく、やすやすとアッツ島の土を踏んだのであった。

絶対死守の拠点をめぐる攻防

「そのとき私は、東浦の陣地で日常の作業についていました。この日、朝から艦上機が来襲して、上空をただ通過していくんですね。いつものように銃爆撃をしないんです。なんだ、今日は少しおかしいぞ、アメ公ボケてるんじゃないのか、なんて、みんなでいいあっていたもんです。

ふつうなら爆撃があって、それから艦砲がくることになっているのに、艦砲もこない。おかしいというので大発が偵察に出かけたんです。それが大急ぎで帰ってきて、西浦に敵が上陸してるぞ、と血相をかえていう。あわてましたねえ、まったく。完全に不意をくらったわけです……」

敵、来攻の報は、東浦に司令部をおく山崎部隊長に報ぜられた。ただちに情報は全軍に伝達され、迎撃命令が下達《かたつ》された。

すでに山崎部隊は、この日のあることに備えていた。熱田湾地区の各要地には渡辺大隊が配せられ、北海湾一帯は米川大隊が固めていた。旭湾方面は林俊夫中尉の率いる一個中隊が警備につき、青戸少佐の高射砲大隊は北海湾地区と熱田湾地区に配備されていた。

不意を衝かれたことは確かだが、日本軍が敵上陸を発見して、迎撃態勢に入ったのも早かった。将兵はすばやく陣地につき、敵の動きを見守っていた。

十時五十分、突然、霧を破って艦砲射撃がはじまった。戦艦「ペンシルバニア」と

「アイダホ」から撃ち出される砲弾は、うなりを上げて海岸線に落下してきた。レーダー射撃ではあるが霧の中である。砲撃は一時間つづけられ、敵弾はいたずらにアッツの岩を砕いたにすぎなかった。

上陸第一日は、双方とも小ぜりあいで終わった。だが第二日目の十三日から、激しい攻防が各所で展開しはじめた。

西浦岬西北海岸に上陸した北方部隊の先遣隊は、日本軍の要地、芝台を包囲しようとしていた。この台地を占領されると、西浦海岸の日本軍集結地が眼下に一望される。断じて死守しなければならない拠点だった。

早朝、霧の中を敵の一個中隊が芝台に向かって進撃してきた。芝台には船舶工兵の小林中隊と、米川部隊の佐藤中隊が守備に当たっていた。彼らは身をひそめ、陣地に拠《よ》って敵を引き寄せた。芝台の前方には深い谷がある。この谷におびき寄せたときがチャンスだ。小林大尉は、敵の動静を見はからって攻撃号令を下した。

「いまだ、撃て、撃て!」

いっせいに火蓋《ひぶた》が切られた。機関銃がうなりを上げて先頭の米兵をばたばた倒す。つづく迫撃砲の連続砲撃が逃げる敵を空中に吹き飛ばした。岩陰に身をひそめる敵兵には、九九式小銃が確実に狙撃した。一瞬のうちに敵の中隊は戦闘力を失い兵力は半滅した。

だが、この射撃で守備陣地が露見した。すかさず西浦岬の敵野砲八門が反撃し、沖合からは艦砲が、芝台の全面にわたって正確な砲弾の雨を降らせた。つづいて艦上機のなめるよう銃爆撃。

散兵壕とタコツボだけの日本軍陣地は、跡かたもなく粉砕された。この戦闘で小林隊は、戦死四〇名、佐藤隊は約五〇名を失った。やむなく守備隊は芝台にとどまることができず撤退する。米軍はすかさず優勢な新手をくりこんで芝台を占領した。

一方、旭湾方面では敵をくい止めていた。米軍の南方部隊は、旭湾の北浜に足がかりをつくったが、渡辺大隊第一中隊の林中尉は、巧妙に兵力を配置していた。

左翼の大鷲山・鴨山の高地から、正面は将軍山から荒井峠・獅子山まで、また右翼は旭柳峠から虎山まで、少ない兵力を有効に布陣して米軍を三方から捕捉していた。

この日、霧は山頂から中腹にかけてたちこめ、日本軍に味方していた。しかも下の谷は晴れてまる見えである。

おそるおそる谷間を進撃する米軍に、林隊は突如、大鷲山・鴨山の側面陣地から砲火を浴びせた。敵は大混乱となった。このとき、米軍の第一七連隊長アール大佐が戦死した。

海上でも日本軍は暴れ回った。キスカから出撃した伊三一、伊三四、伊三五の各潜水艦は、北海湾の敵艦に魚雷攻撃を敢行した。午後一時三十分、伊三一潜の発射した魚雷が、みごと戦艦「ペンシルバニア」の艦腹に命中、二本の水柱を奔騰させた。同艦は火災が発生したが、沈めることはできなかった。

手榴弾で殺し、銃剣でえぐる白兵戦

五月十四日の夜が明けた。あいかわらず霧の日だ。芝台を占領された日本軍は、西浦陣地が弱体化したので舌形台陣地に移ることになった。

芝台にはぞくぞくと敵兵力が集中するのが見えた。これを狙って、北海湾岸の高射砲部隊は平射で砲撃をこころみたが、空を撃つのとは勝手がちがう。弾着は不正確だった。

「この日だったと思いますよ。西浦地区後方の三角山めがけて、八〇人ほどの米兵が北方からスキーで滑りながら進撃するのが見えたんです。三角山に陣取られたら大変です。あそこは五〇〇メートル級の山ですから、確保されると西浦地区はいっぺんに全滅です。さあ、大変だと思っていたら、本部から三角山を確保せよという命令が出たんです。西浦から一小隊が先を争って三角山を登りはじめましてねえ。見ると、敵

昭和18年５月に撮影されたアッツ島。同島はアリューシャン列島の最西端に位置し、ミッドウェー海戦時に占領された。左側の大きな湾は旭湾である。

も反対側の斜面を登りはじめたじゃありませんか。どっちが先に頂上につくか、私たちはハラハラしながら見守っていたんです……」

雪におおわれた真っ白な山肌を、敵味方の黒いゴマ粒が、たがいに反対側の稜線を懸命によじ登る。戦争とは陣地取りの競争である。先に取ったほうが勝ちだ。だがこの競争には人間の命が賭けられていた。部隊の運命が賭けられ、一国の運命が賭けられていた。

三角山の必死の争奪は、一瞬早く、日本軍が勝った。山頂に重機を据えるのももどかしく、登りつづける米兵めがけて頭上から銃弾を浴びせた。

叫びとも悲鳴ともつかぬ、異様な咆哮《ほうこう》を残して米兵たちはごろごろところげ落ちた。逃げ出す者もたちまち背中を射ぬかれてもんどりうつ。白雪の斜面にはたちまち死体が散乱した。八十数名の、それは全滅というより虐殺といったほうが適切だった。

その夜、前日に芝台を撤退した佐藤中尉は生き残りの兵を集めて斬込隊一個小隊を編制した。責任感の強い中尉は、死すとも芝台を奪回する決意だった。

夜の闇と霧に隠れて、中尉の指揮する三組の突入隊は、芝台の敵野砲を目標に進撃、爆雷攻撃を敢行した。別の一分隊は敵の後方に突入して擾乱する。

たちまち芝台をめぐる争奪戦は血なまぐさい白兵戦となった。激しい敵の機銃弾束をかいくぐり、手榴弾で殺し、銃剣でえぐった。さながら幽鬼のような日本兵の夜襲に米兵はたじろぐ。血みどろの反復攻撃を加えたが、優勢な敵の前に斬込隊は全滅した。約一二〇名の勇士は、全身蜂の巣のように銃弾を浴びて死んでいた。

北の芝台に対して南の激戦地は、旭湾地区の荒井峠に移っていた。米軍南方部隊の計画では、臥牛山を縦断して荒井峠を突破し、日本軍本部のある東浦地区に進出して、北方部隊と合同する予定だった。

峠に達するにはツンドラと背の低い草の生えた低地を通らねばならない。そこには氷のように冷たい深さ一メートルばかりの曲がりくねった旭川がある。それ以外に、米軍を保護する遮蔽物はなにもなかった。

彼らは戦術的態勢の不利にもかかわらず、一個大隊をもって強引に荒井峠を突破しようとこころみてきた。俄然、低地の両側に陣どった林隊は火蓋を切る。大鷲山から、鴫山から、さらに獅子山から将軍山から、機銃、迫撃砲、小銃の猛射を眼下の敵に十字状に浴びせた。

勇敢な米兵の数人が、荒井峠の入口にとりついた。だがここは雪の急斜面である。這ってあがらなければ峠に上ることはできない。たちまち彼らは日本軍の好目標となった。あまりに激しい抵抗にあった米軍は、荒井峠を目前にしながら、じりじりと後退し、夕方にはついに出発点の海岸に後退していた。

つぎつぎに陥ちる陣地

芝台を失ったとはいえ、アッツ島守備隊が全戦線を保持していたのは十五日までであった。日本軍の守備態勢を大きくゆるがしたのは、連日つづけられた艦砲射撃と飛行機による銃爆撃であった。

ことに十五日の艦砲はすさまじかった。「ペンシルバニア」は、一四インチ砲をもって、東浦陣地と熱田湾の海浜陣地を、じつに二時間半も連続砲撃した。この破壊はすさまじく、日本軍の東浦陣地の確保を不可能にするものがあった。ついで十六日朝、西浦を制圧していた米軍の大隊が、霧をついて突如、東浦地区になだれこんできた。それはまさに電撃的な攻撃だった。日本軍は応戦できる態勢になかったのである。

山崎部隊長は、やむなく熱田湾地区に部隊の撤退を命じ、確保地域を縮小して抗戦持久することに決した。

転進の命を受けた各隊は、さながら敗残の兵だった。東浦の海岸から雪深い山道に入り、馬の背を越え、熱田富士の裾をめぐり、後藤平へと撤退する。部隊の中には撤退の時機を失して雪の山中を迷い、雀ガ丘から虎山に出たものもあった。五月といえばアッツ島の山中の雪は深い。栄養失調で疲れきった日本兵は、一〇〇メートル進むのに一時間もかかるほどだった。

彼らは一日一食に耐えながら後退していった。寒さと飢えに狂い出し、敵方にとび出して射殺される者もあった。重傷の身をささえきれず、崖穴の中で自刃する者、手榴弾を腹にあてて自爆する者が続出した。

一方、孤軍よく守り通していた荒井峠に、十六日、敵はついに艦砲射撃を開始した。つづいて戦車五両、一五センチ榴弾砲五門が出現した。荒井峠を守備していたのは、林中隊のたった一個小隊である。小隊よく敵二個大隊を釘づけにしていたとは奇跡である。だが艦砲には抗せなかった。小隊は一瞬のうちに全滅した。

十八日以後、米軍の主攻は馬の背、虎山、雀ガ丘、獅子山の四拠点にしぼられた。戦線の縮小に反比例して米軍の圧迫は増大した。だが日本軍は信じられないほどの抵抗を見せた。

虎山では、林中尉率いる一個小隊が、巧妙な指揮によって敵二個中隊を撃退した。このとき、米軍が遺棄した死体は三〇〇を下らなかった。中尉は、後退する米兵に流暢な英語で罵声をあびせ、高らかに哄笑するのだった。その笑いには勝者の満足感があふれていた。

いまや米軍も必死だった。集中砲撃の支援のもと、一メートル、また一メートルと前進してきた。かくて二十一日に雀ガ丘が陥ち、虎山、獅子山もまた全滅して陥ちた。翌日、十勝岳の陣地も突破された。

最後の突撃

「戦闘の末期は、そりゃひどいものでした。残存兵力は一〇〇〇名弱。砲はことごとく破壊されて、使えるのは数門の高射砲と数門の迫撃砲だけです。

私のいた馬の背高地は、二十八日ごろまでもちこたえたそうですが、最後には白兵戦になったとか。そのとき米軍も、攻撃部隊の半数ちかくが戦死したということですから、わが将兵の奮闘は鬼神のようだったと思います。とにかく食糧がなくてね、にぎり飯一個が一日分です。

私のいた三角兵舎の野戦病院付近にも毎日さかんに砲弾が落下するようになり、もうダメだと、何度思ったかしれません。衛生兵も負傷してる、軍医も負傷してる……。

そうそう、意識不明の重傷者を処分したのは二十九日でした。この日、山崎部隊長の命令で、生存者が本部前に集合しました。あちこちから、深い霧の中をぽつりぽつりと集まってくるんですが、銃を杖に足をひきずる者、片腕がちぎれてフラフラになった者、みんなどこか負傷していましたねえ……」

最後の突撃を決行すると聞いて、歩ける者はみな集まってきた。それが死への道の第一歩であることを彼らは十分に知っていた。

どの顔にも、苦渋や混乱の色はなかった。なにか、ふっきれたような、さわやかさが彼らの顔に流れていた。

全員の集合が終わったと確認されるまで半日かかった。集合した者は約三〇〇名に達した。これによって三個中隊が編制されることになった。

第一中隊は無傷で元気な者、第二中隊は軽傷者と歩行可能の重傷者、第三中隊は非戦闘員ときめられた。そして各隊は一〇分おきに出撃すること、残存高射砲は最後の突撃を援護すべく残弾すべてを連続発射すること、攻撃目標は臥牛山方面の敵陣営とすることなどが伝えられた。

夜の八時に、全員が故国に向かって最後の別れを告げた。ついで十時三十分、第一中隊の先頭に立った山崎部隊長は、右手に軍刀、左手に日の丸を握って進撃を開始した。夜の闇を霧が包み、視界は一〇〇メートルもなかった。突撃条件は満たされていた。

部隊の進撃はまことに早かった。これが疲労と空腹にあえぐ兵たちかと思われるほどのスピードだった。後藤平を一直線に進み、雀ガ丘の斜面を駆けのぼると米軍の前哨をたちまち突破、青ざめた形相に喊声をあげて敵陣になだれこんだ。掩体《えんたい》内の米兵を突き殺し、営舎に突入、逃げおくれた米兵たちをつぎつぎに突き刺した。彼らは米軍の食物をつかみとっては口の中に押しこみ、そして前進した。

狂気と死と残虐の突撃だった。

「全員が玉砕しているころ、野戦病院の中では軍曹が壁に背をもたれたまま、苦労してガソリンを床に流していました。身動きできない重傷者は、私を含めて三〇人はいたでしょう。みんな、軍曹の動作を目で追っていました。私は体の中が真っ白な空洞になったような気持でした。軍曹は手榴弾のピンをぬくと、ひと声『かあさんッ』と大声で叫びながら床に投げつけたのです。轟然たる爆発音とともに部屋全体が燃え上がりました。炎が全身をくるんだとき、突然、私は夢中でなにかをしたのです。なにをしたのかは覚えていません。気がついたとき、私は外にころがっていて、米兵がのぞきこんでいました……」

米側の記録が語る死闘の跡

凄絶なアッツの戦いは、五月二十九日の朝、そのすべてが終わった。米軍は、信じられないような日本軍の最後の突撃ぶりに慄然として、その模様をこう記録している。

――日本軍はこっそりと前進することなどを考えないで、アメリカ側の前哨を通って押し出してきた。彼らは夜明けの薄明の中を狂人の群れのようになだれ出し、歩兵隊員をなぎ倒し、泥の個人掩体内に寝ていた米兵を打ち殺した。

突撃は、マサッカル湾（旭湾）に通ずる通路に向かって谷を越えて一直線におこなわれた。一群は舎営地になだれこみ、生物はもちろん無生物までも破壊し、テントを引き裂き、箱を壊し、弾薬をめちゃくちゃにし、彼らの先頭を進んだ狂人のような戦友に殺された米兵の死体を突き刺した。

食糧集積所で日本軍は停止して缶詰食糧の口を開け、口の中に食物をねじこんだ。

アッツ島で玉砕した日本軍将兵。山崎保代大佐指揮の下、守備隊の抵抗は激しく、苦戦におちいった米軍は第７師団長の更迭される異状事態となった。

彼らは病院テントをあばれまわって寝台上の負傷者を殺した。米軍はなんとか防御態勢をととのえようと苦心した。小銃を持っている者は日本軍の兵隊の中に弾を撃ちこんだが、彼らを牽制することはできなかった。彼らは脇目をくれずに叫びながら突進した。

また、米軍の第一線中隊長として、玉砕突撃を敢行した山崎部隊長を目前にしたというハーバード・ロング中尉はこう語っている。

——私は自動小銃を小脇にかかえて島の一角に立った。霧がたちこめ一〇〇メートル以上は見えない。ふと異様な物音がひびく。すわ敵襲、と思ってすかして見ると、三〇〇～四〇〇名が一団となって近づいてくる。先頭に立っているのが山崎部隊長だろう。右手に日本刀、左手に日の丸を持っている。どの兵隊もどの兵隊もボロボロの服をつけ、青ざめた形相をしている。手に銃のないものは短剣を握っている。最後の突撃というのに皆どこかを負傷しているのだろう。足を引きずり、膝をさするようにゆっくり近づいてくる。

われわれアメリカ兵は身の毛をよだてた。わが一弾が命中したのか、先頭の部隊長がバッタリ倒れた。しばらくするとむっくり起き上がり、また倒れる。また起き上がり、一フィート、一インチと、這うように米軍に迫ってくる。また一弾が部隊長の左腕を貫いたらしく、左腕はだらりとぶら下がり、右手に刀と国旗をともに握りしめた。

こちらは大きな拡声機で、「降伏せよ、降伏せよ」と叫んだが、日本兵は耳をかそうとしない。ついにわが砲火が集中された（さらに米側資料によると、「アッツ島の地上戦で日本軍は死者二三五一名、捕虜二八名を出した」とある）。

●玉砕の島③――マキン島

死してなお勝利をおさめた

昭和十八年末から米軍は本格的な反攻作戦に転じ、まずギルバート諸島を奪回した。つづいてマーシャル諸島、マリアナ諸島へと逐次足場を築いていく計画を立てた。米軍のこの反攻作戦の主目標は、最終的にはフィリピンおよび日本本土を指向していた。いわゆる太平洋の中央突破である。米軍はまずマキン島に攻略の火蓋を切った。小島の小兵力とあなどって上陸したものの、彼らは日本軍によって手痛い目にあわされる。
●米軍進攻日＝昭和十八年十一月二十一日　●米軍兵力＝約六五〇〇名
●日本軍兵力＝六九三名　●玉砕日＝昭和十八年十一月二十三日
●生存者＝一名

〝まず、ギルバートを叩け！〟

「あ、マキンのことですか……あれは、なんべん語っても語りつくすことのできない悲惨な玉砕でした。いえいえ、いやなことなんて、あんた。そりゃ、終戦からこっち、ややしばらくはしゃべるのも恐ろしかったし、いやでしたなあ。でもね、もうそんなことはいっておれんです。私は生きているかぎり、あのことを語りつづけようと思ってます。それが義務ですわね。あなたもご存じのとおり、日本兵の生存者はこの沢見一等水兵ただ一人だけですからね。私が伝え残さなければ。

え？　ほかに生存者ですか？　あ、そうです。まだ生き残りはいます。内地から使役に連れてきた朝鮮人労務者が一〇四名生き残りました。けれどあの人たちは戦闘を見ていませんです。敵が上陸を開始したころ、不穏な動きがあっては困るというんで、二〇〇名いた朝鮮人労務者を半地下の小さな弾薬庫に押しこめたんです。結果的に半数が生き残ったわけで、あれはあれで最善の方策だったと思いますね。いっしょにわが軍と行動をともにさせてたら、彼らも全員死んでいたでしょう。

半数が死んだ理由ですか？　それはアメリカ兵の責任になるかもしれません。攻撃してきた米兵が弾薬庫を開放したんですが、そのとき、米兵には戦闘のおびえがあったんでしょうね。扉を開いて、いきなり手榴弾を一発放りこんで、そのあと自動小銃を乱射したんです。中には武器を持たない無抵抗の労務者が二〇〇名、ひざをかかえてすわりこんでいたんですからねえ。半数が無残に死亡したんです。ええ、もちろんこのことは、私が捕虜になってから労務者に聞いたことなんです。米軍ですか？　いいえ、そのことについてはなんの意思表示もありませんでした。勝てば官軍ですよ。

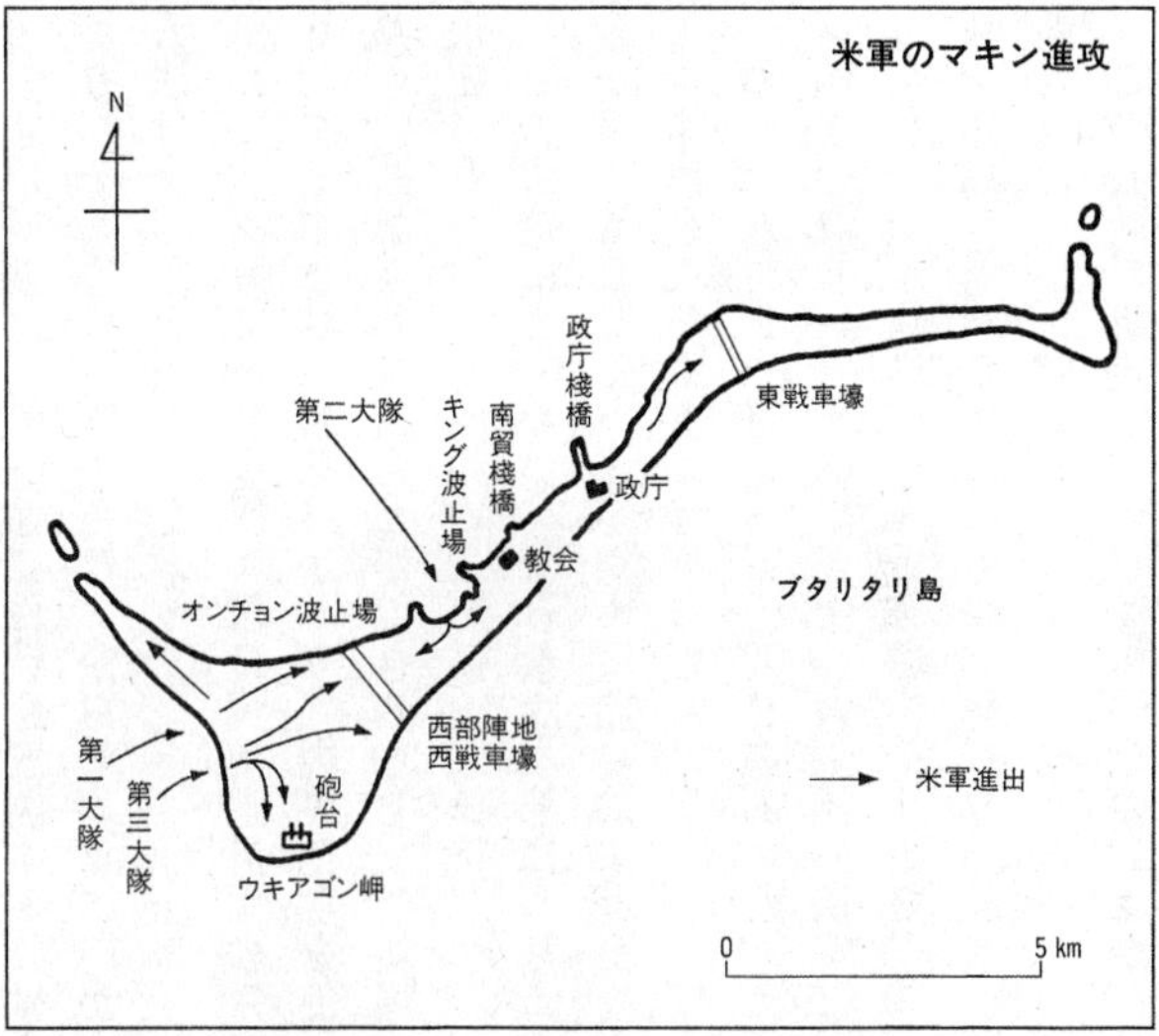

戦闘中の不幸な出来事として片づけられたんでしょうなあ……」

昭和十八年に入ってから、アメリカの対日戦略計画は着々と進んでいた。米国統合戦略委員会では、ソロモン、ニューギニア方面からチモール、ミンダナオを経てマニラに至る南進計画、トラック、グアムに向かって西進する中央進攻計画、およびアリューシャンから千島に進攻する北進計画とがあり、あわせて中国援助のためビルマを奪回するという作戦計画であった。

しかし南太平洋最高司令官であるダグラス・マッカーサーは、中央進攻計画に反対して、南進計画を強く主張した。彼は、多方面に作戦を展開するのはよいが、主力は一方向に集中すべきであり、その道はニューギニアからマニラに向かう南進計画以外に、日本軍を駆逐する方法はないといいきった。

だがアメリカ統合参謀本部は、南進計画のみでは日本軍に側面からおびやかされ、兵力を集中させるおそれがあり、中央進攻を併用すれば日本軍に対し、米軍の進攻進路の判断を迷わせることができるとして、結局、南進と中央進攻の併用という計画が決定された。

この決定にともない、統合参謀本部は七月二十日、ニミッツ太平洋艦隊司令長官に、十一月十五日ころ、ギルバート諸島およびナウル島を攻略し、翌十九年早々、マーシャル諸島を攻略するよう下令した。

ついで八月十一日から二十四日のあいだ、カナダのケベックに米、英、仏、加の四巨頭が会談し、その結果、中部太平洋の進撃は、①ギルバート諸島およびナウル島、②マーシャル諸島、ウェーク島、クサイ島、③ポナペ島、④トラックを含む中部カロリン諸島、⑤パラオ島、ヤップ島、⑥マリアナ諸島という六段階に分割すべきであるとされた。

この会談の決定で、ラバウルがその対象からはずされたため、マッカーサー大将はおおいに不満だった。彼は執拗に参謀本部にくい下がって、南進ルートの絶対有利を説いたが、ワシントンの関心は、いまやギルバート攻略に向けられ、マッカーサー提案は無視されてしまった。

こうして、中部太平洋の進撃路線は、ギルバート、マーシャル、カロリン、パラオ、フィリピンへの線と、その北方を直進するマリアナ、小笠原、日本本土の線との二つにしぼられた。ここに、日本攻略の最初のたたき台ができあがった。口火を切るのはギルバートである。マキン、タラワ、アパママの三島が俎上《そじょう》にのせられた。

進攻の期日は一九四三年（昭和十八年）十一月二十一日と決められた。

マキン攻略の上陸部隊は、ホーランド・スミス陸軍少将の率いる陸軍第二七歩兵師団の一個連隊、六五〇〇名である。彼らはハワイの真珠湾から出港した。戦闘経験はなく、はじめての実戦にいくぶん浮かれていた。

一方、タラワ攻略の上陸部隊はハリー・ヒル海軍少将の率いる海兵第二師団、一万六〇〇〇名で、その大部分はガダルカナル島で戦った精鋭部隊である。彼らはニュージーランドからニューヘブライズ諸島のエファテ島に集結して作戦行動を開始した。

これを援護するのはボーンオール少将の第五〇任務部隊で、制式空母六、小型空母五、戦艦六、重巡五、駆逐艦二一で、ギルバートの制空権と、日本軍防御の無力化を任務としていた。これらの全攻略部隊を率いるのは、ミッドウェーで奇跡の逆転劇を演じたスプルアンス中将である。彼は全艦船二百余、参加総人員一〇万八〇〇〇名を率いて、重巡「インディアナポリス」の艦橋に立った。

艦砲の嵐に島はズタズタ

「私は衛生兵なんです。海兵団出身の一等水兵で、当時は一九歳でした。マキン政庁の木造の建物の中に、野戦病院があったのですが、二十一日の艦砲射撃で吹っ飛ばされましてね。艦砲はこわいものです。いまでも夢に見て、ガバととび起きることがあるほどです。びっしょり寝汗をかいて……え？　敵の来攻予知ですか？　そうですねえ、私のような下級水兵にはよくわかりませんでしたが、二十日ごろに敵が上陸してくるかもしれんという噂は聞いていましたから、ある程度わかっていたんじゃないですか。でも、あんな大部隊でくるとはだれもが予想していませんでした。

その前年でしたか、十七年の八月に、米兵約二二〇名が、二隻の潜水艦に分乗して夜中にマキンに上陸したことがあったんですよ。当時は守備隊が一個小隊しかいませんでね、総勢七〇名ぐらいだったそうです。完全に寝こみを襲われたんですね。それでも丸一日抵抗して、ついに全滅です。そのあとわが軍の救援部隊が駆逐艦と輸送船でかけつけたんですが、島には米兵はいず、守備隊の生存者が二七名発見されたそうです。上陸した米兵は三〇名ぐらいの戦死者を出して島を占領したにもかかわらず、すぐに潜水艦で引き揚げたそうです。おまけに米兵九名が島にとり残されて、これはわが軍が捕虜にしましたけれど。あれは、なんのために攻撃してきたんですかねえ……。

ですから敵がふたたび攻撃してきたとしても、あんな小島ですからね、せいぜい一個大隊もくるかと思っていたんですよ。こっちは市河中尉の陸戦隊一個中隊二四〇名と、航空隊基地員や設営隊員を合わせて銃をとれる者は約五〇〇名いましたからね。常識として日本軍の守備隊は、三倍の敵と互角以上に戦える実力をもっていました。ですから一個大隊ぐらいきたってびくともしないぞと、みんな張り切っていたもんです。ところがどうです、敵は一個連隊もきたんです」

二十一日の午前二時四十五分、突如、海上に姿を現わした米軍艦艇は、マキンの主島ブタリタリ島に対して、夜明けまで熾烈な艦砲射撃を加えてきた。

ブタリタリ島は、細長い鉄槌の形をした島である。柄の三分の一にあたるところに日本軍の主防御地区があり、鉄槌の南端部のウキアゴン岬に砲台があった。

米軍の艦艇は、距離一万七〇〇〇メートルから、これら主要防御陣地に戦艦二、重巡二、駆逐艦六をもって反復砲撃してきた。地上の構築物はすべて空中に吹っ飛んだ。マキン政庁も、原住民の教会も、兵舎も倉庫も、燃え上がり、くずれはてた。椰子林は幹を破《さ》かれて日本兵のかくれる場所を失わせた。兵たちは掩蔽壕やタコツボに身を伏せて、巨弾のとおりすぎるのをじっと待つしかなかった。艦砲に対する反撃は、守備隊にはその手段がなかった。

マキンが、敵潜水艦の奇襲攻撃を受けてから、ギルバート諸島、ナウル島、オーシャン島の各方面には、急速に兵力の増強、諸施設の強化がおこなわれた。十八年二月十五日、第三特別根拠地隊（海軍陸戦隊）が同方面に新編制され、地上防備施設、航空施設等の建設、増強が急速に実施された。同年七月、ギルバートに新たに着任した柴崎恵次少将は、タラワに司令部をおき、ただちに軍紀の振粛《しんしゅく》と訓練を強化し、孤島の守備隊として精強の度を加えていった。とはいえ、各島の守備兵力は決して十分とはいえなかった。

タラワには、第三特別根拠地隊本隊九〇二名と、佐世保第七特別陸戦隊一六六九名を基幹とする合計約四六〇〇名が配置についていた。また、ナウルには第六七警備隊本隊四〇五名、オーシャンには同隊分遣隊三七一名、アパママには見張員二四名が配されていた。

一方、マキンには、第三特別根拠地隊分遣隊二四三名、第九五二航空隊基地員六〇名、第八〇二航空隊基地員五〇名、第一一一設営隊三四〇名（うち朝鮮人労務者二〇〇名）の合計六九三名である。

マキンの守備兵力のうち、実戦部隊は一個中隊二四三名のみだった。航空隊基地員や設営隊員を合わせて二六〇名の日本兵の員数がそろうが、彼らのほとんどは工員や技術者であり、戦力になりうる兵力ではない。いきおい実戦部隊のわずか二四三名が戦闘主力となって敵に立ち向かわねばならなかった。

さらにその装備だが、防備兵力としてマキンに配置された重火器は、八センチ砲三門、八センチ高角砲三門、一三ミリ機銃一二梃のみである。これでどのような戦闘ができるというのか。

米軍は、上陸作戦を実施する数日前から、激しい航空攻撃を連日くり返すのが常套手段である。マキンもその例外ではなかった。十九日には、B24一機だけが姿を現したが、翌二十日は守備隊にとってまったく経験したことのない激しい空襲にみまわれた。

午前三時十五分、約四〇機の艦載機が突如として来襲、約二時間というもの、銃爆撃をほしいままに乱舞したのである。若干名の死傷者が出たが損害は軽かった。

「やれやれ、やっとおさまってくれたか」

タコツボから這い出してきたところへ、こんどは七時二十五分、九四機の戦爆連合が第二波攻撃に来襲、約一時間、三門の高角砲と一二梃の機銃が迎撃の火を吐いた。地上は猛烈な爆煙と、引き裂くような機銃掃射の雨に煙っていた。死傷者が続出した。ついで八時四十分に第三波約三〇機、さらに午後十二時に第四波五八機、十二時二十八分、第五波四〇機、四時三十五分、第六波一七機と、息をつくひまもなく敵機は連続殺到してくる。はや、小さな島はズタズタとなった。すでに一〇〇名ほどの戦死者が出た。

「明朝夜明けとともに、敵大部隊が上陸してくるものと思われる。各隊は現守備陣地を確保し、侵攻する敵を水際に撃滅すべし。一歩も退いてはならん、死してなお戦え！」

激烈な命令が市河中尉から下令された。だが、夜陰とともに海上はるか彼方からはじまっ艦砲射撃には手も足も出ない。やむなく午後五時ごろ、島中央部の桟橋付近の陣地を放棄、さらにキング波止場、オンチョン波止場を撤退して西部陣地の戦車壕に部隊を集結した。

奇襲攻撃にたじろぐ弱い米兵

「このころには機銃の半数が破壊され、部隊の人員は半減していました。負傷者は壕の中でうめき、私は衛生箱をかかえてつぎつぎに負傷者の手当てをしました。軍医は、軽傷者か、なお戦闘能力をもっている負傷者にのみ手当てをして、重傷者の手当ては いっさいしませんでした。どうせ無駄ですから。『衛生兵、衛生兵』と呼ぶ声に、私は走っていきました。でも、たいていそれは、死の直前の重傷者を見守っている戦友の呼ぶ声でした。

なんとかしろというんですが、包帯だって惜しいほどです。気休めに食塩水を注射してやるんです。それでも患者は感謝の色を目に表わして私を見つめるんです。やりきれない気持でした。そのうち、がくりと……。『やはりダメか』戦友はそういって塹壕の隅に死体を引きずっていき、申しわけ程度に砂をかけてやるんです。狭い壕の中ですからねえ。這い回り、走り回っているうちに、私はそうした死体をなんども踏みつけました。破けた腹部のハラワタの中に手を突いたり……、もうそのときは、敵が上陸して、激しく交戦しているときでした」

西部海岸に敵の第一大隊と第三大隊が上陸してきたのは午前五時三十分である。この区域を守備していた一個小隊は、それまであまりに激しい艦砲のために全員がウキアゴン岬の砲台に撤退していた。

おそるおそる上陸した米軍は、日本軍の抵抗をまったく受けないので、こんどは陽気にはしゃぎはじめた。

「なんだい、ジャップは一人もいないじゃないか」

「キスカのように、彼らはもう撤退しているんだろ、逃げるのがうまいからなあ」

米軍の一隊は、南部海岸の掃討に、ピクニックのような気分で出かけていった。

午前七時ごろ、彼らがウキアゴン岬に近づいたときである。突然、突風のように空気を引き裂く異様な音が聞こえたと思ったとたん、地響きをたてて彼らの眼前に砲弾が炸裂した。先頭をいく兵が二、三人、人形のように空中に跳ねとんだ。

「ジャップだッ、伏せろ！」

地面にへばりつく米兵の頭上を、こんどは機銃弾が襲いかかる。後続の米兵は、どぎもをぬかれて一目散に後退した。

初めて強烈な抵抗を受けた米兵たちは、すっかりおじけづいてしまった。指揮官はどうやって日本軍の橋頭堡を粉砕していいものやら見当もつかない。後方に下がって、じっと対峙するだけだった。

西部陣地の防空壕に集結した主力部隊が、米軍と交戦状態に入ったのはもう少しあ

昭和18年11月21日早朝、マキンの主島ブタリタリ島に押しよせる米上陸用舟艇。同島はマーシャル諸島に最も近く、ギルバート作戦では最重視された。

とになってからだった。

米軍は、オンチョン波止場付近に第二大隊を午前七時四十分に上陸させた。これによって日本軍勢力を分断しようとところみたのである。

ところが市河中尉の率いる主力は、猛然と反撃の挙に出た。いまは工員も整備兵も技術者も、戦死者の銃を手にして応戦した。銃のない者は弾薬を運んだ。

ひとたび上陸した米軍は、たちまちその場に釘づけにされた。わずか三〇〇名たらずの反撃で、米軍約二〇〇〇名が動きを封じられてしまったのである。彼らは手のほどこしようもなく、日本軍の弾丸を避けて海岸線に張りつき、かろうじて対峙していた。

このとき、射撃の得意な三田上曹が左翼の椰子林で米兵を狙撃していた。彼は成果をあげて壕に駆けもどり、報告した。

「中尉どの、一人でも倒すと、米兵はみな逃げていきますぞッ！　敵は、訓練未了の弱兵ですぞ！」

この報告に兵は勇気づけられた。勇敢な兵が何組か、奇襲をかけに出かけた。三田上曹のいうとおり、奇襲をかけた地域の米兵は、かならず後退した。

米軍は、マキン守備隊の日本軍兵力を約八〇〇名とふんでいた。ホーランド・スミス将軍は、この小島を一日で完全に占領できると確信していた。ところが上陸部隊は一歩も前進しないばかりか、反撃を受けて後退するしまつである。将軍はカンカンになって怒った。

米軍の攻略作戦が予定どおり進捗しなかったのは、指揮の拙劣さにもよるが、彼らがハワイで受けた訓練に問題があった。それは、味方の弾幕下でのみゆうゆうと前進し、敵の戦闘力が味方の砲撃によって粉砕されるまでは前進しないという戦法だった。これは第一次大戦の大陸型戦闘様式である。

したがって上陸した連隊の各部隊は、数名の日本兵の狙撃にあったり、一梃か二梃の機銃が火を吹くと、数時間にわたって前進しなかった。米兵たちは神経過敏になって、木の葉が動くと射撃し、物音が聞こえると狂ったように乱射した。

守備隊には、敵の弱腰はもっけの幸いであった。中尉は西部陣地にいつまでも張りついていることの不利を悟っていた。すでに西海岸から上陸した二個大隊が西戦車壕ちかくまで進出していた。これでは、はさみ打ちになってしまう。

ウキアゴンの砲台は、すでに位置を発見されて艦砲で粉砕され、激しい銃火を浴びて守備兵は全滅していた。わずかに数名の生存者が敵の目をかすめて主力に合流してきた。

夜を待って、中尉は敵を牽制するため一個分隊をゲリラ活動させた。その隙に、陣地を脱出、敵上陸地点の中央部をたくみに迂回して東戦車壕に向かった。

牽制隊は巧妙をきわめた。北と南から陣地に肉薄している敵の両部隊に、彼らはその中間から射撃を加え、身をひるがえして撤退した。このため敵の両陣営は、同士討ちを演ずることになった。彼らがそれと気づいたときは、守備隊は東戦車壕に残存兵力を集結し終わっていた。

二七対一の比率をものともせず

「東戦車壕に移動したときは、われわれにはもう砲はありませんでした。機銃も弾薬を使いつくして放棄されました。あとは小銃だけです。翌二十二日は残存守備隊にとっては地獄の日でした。朝から艦載機が飛び回って、戦車壕ぞいに機銃掃射をしていくんです。壕の中で、私たちは逃げまどいました。敵機の機銃弾はものすごい威力があるんですよ。一発でも体に当たると、直径一〇センチほどの穴があくんです。腸がにょろりとはみ出し、頭蓋骨が飛び散り、心臓が粉砕されるんです。

飛行機が去ったあと、こんどは榴弾が飛んできました。敵の砲兵が砲撃しているのは、わが軍が全滅したウキアゴンの砲座からなんです。くやしいったらありません。マキンのブタリタリ島は細長い島ですから、われわれが集結している場所は幅一キロほどの細い地域です。ですから敵には好目標だったろうと思います。

私たちは直撃されないことを神仏に祈るしかありませんでした。もちろん死傷者は続出しました。片腕を飛ばされた者や、両足を砕かれた者、もう手当てどころではありません。戦車壕の中で、みんな夢中になってタコツボを掘りました。円匙《えんぴ》がないので銃床で掘るんです。そしてまた敵機の機銃掃射です」

米軍は日本軍との接近戦を好まなかった。一ヵ所に集結した戦車壕陣地を、彼らは飛行機と榴弾砲で徹底的に痛めつけた。

残存兵には、これ以上撤退する場所がなかった。島の奥はますます平坦で、さらに

マキンに上陸した米軍は旧来の訓練を受けており、支援砲下の下に前進を行なったという。写真は上陸翌日以降のもので、すでに掃討戦に入っている。

細くなっていた。逃げ場を失って半狂乱となり、壕から飛び出してわめきながら敵方に突入していく兵が出はじめた。極度の恐怖に錯乱したのだろう。だが壕から出た者は確実に敵の機銃弾の目標となった。

そのころから重傷者が、戦友に殺してくれと頼むようになった。どうせ死ぬのだと知って、早く苦痛から解放されたいと願うのだろう。

「そんなバカなことができるか！　しっかりしろ」

と怒鳴る戦友も、立ち上がれないほどの重傷者である。自決しようにも引き鉄をひく力がなく、散華したくとも手榴弾がなかった。

「夕方になって、足を負傷した市河中尉が、軍刀を杖に元気な者を集めたのです。戦闘可能な者は総勢わずか三〇名ほどです。

『諸君はよく戦った、感謝する。もはやこれまでだ。明朝、夜明けを期して最後の突撃を敢行する。一人でも多くの敵兵を倒して、われわれの道連れをにぎやかにしよう』

そういって中尉は、不敵にもニヤリと笑うのです。死を前にしてユーモアを忘れず、兵に心から感謝する中尉こそ立派な人間であり、すぐれた指揮官だと私は感動しました」

最期の時がきた。中尉の命令で重傷者には戦友が銃剣で止《とど》めを刺した。敵の手によるよりは味方の手にかかることを彼らも望んでいた。壕の中は、無残な死の舞台となった。

二十三日午前四時、残存兵力三〇名は、前方を視認しにくい薄明時を選んで壕をぬけ出した。彼らは銃剣を手に、じりじりと敵陣に匍匐《ほふく》していった。

「敵陣五〇メートルに近づいたとき、ついに発見されたのです。猛烈な自動小銃の乱射に、戦友たちは一弾も撃たずに倒れてゆきました。数人の兵が駆け出しましたが、一〇歩も進まぬうちに倒れるのです。死の突撃でした。自殺でした。みんな無言で死んでゆきました。私は急に全身がカッと熱くなり、動けなくなりました。右肩に一発、腰に二発命中したんです。だんだん目がかすんで、寒くなりましてねえ。ああ、これで死ぬんだな、そう思って意識を失ったのです」

マキンの戦闘で、米軍は六六名の戦死者と、二一八名の負傷者を出した。だがこの戦闘は米兵対日本軍戦闘員の比率が二七対一であったことからみて、米軍損害の比率はあまりに大きいと考えられよう。

さらに米軍には大きな損失があった。艦砲射撃のさい、戦艦「ミシシッピー」の砲塔が炸裂して四三名が戦死、一九名が負傷した。

まだある。わが伊一七五潜が、同海域で護衛空母「リスカム・ベイ」を雷撃、大爆発を起こしてこれを撃沈、乗員六四二名が海没した。

これらの戦死者や損害を加えると、米軍のマキンでの損失は、玉砕した日本軍守備隊をはるかに大きく上まわるのであった。

●玉砕の島④――タラワ島

米軍が味わった珊瑚礁の恐怖

ギルバートでの米軍の主攻勢は、マキンよりも、むしろタラワに向けられていた。マキンは水上偵察機の基地として使用できるが、タラワには幅六〇メートル、長さ一四〇〇メートルの飛行場がある。米軍にとって是が非でも手に入れたい島だ。不沈空母としてのタラワの利用価値は、つぎのマーシャル攻略に絶大の威力を発揮するはずである。だが日本軍守備隊の抵抗は凄まじかった。米軍はタラワで初めて恐怖を味わった。

●米軍進攻日＝昭和十八年十一月二十一日
●米軍兵力＝一万八六〇〇名 ●日本軍兵力＝四六〇〇名
●玉砕日＝昭和十八年十一月二十三日 ●生存者＝一七名

死角のない要塞が破壊された！

タラワは、ギルバート諸島内の一つの環礁で、イギリス領である。この環礁の中に、比較的大きな島、ベティオ島がある。大きいといっても、東西三五〇〇メートル、南北五〇〇メートルの山椒魚のような形をした小島だ。ここに日本軍は、三本の滑走路

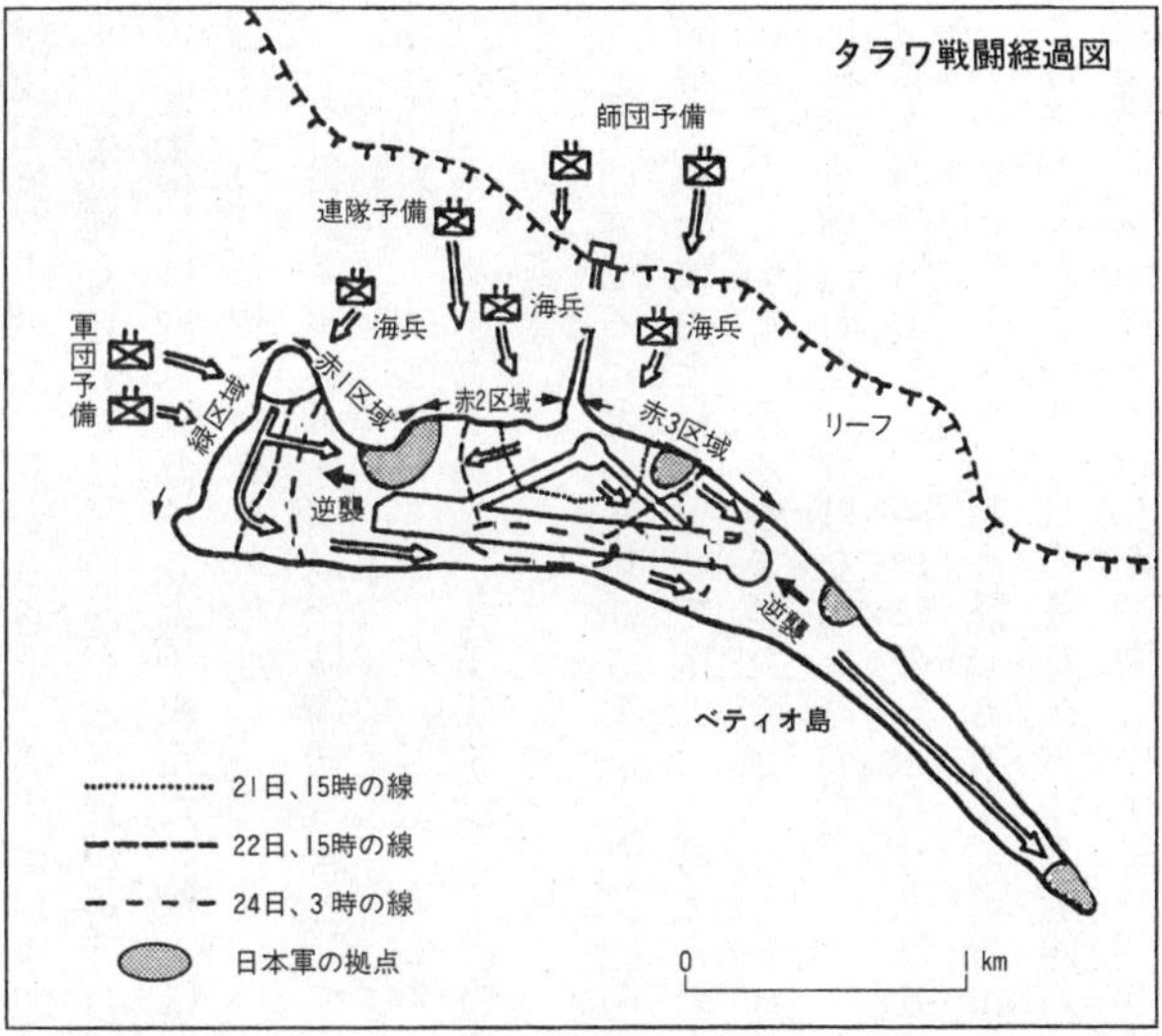

タラワ戦闘経過図

を持つ飛行場を建設し、米国の南西、および中部太平洋との海上交通を遮断する拠点としていた。

昭和十八年三月以来、海軍はギルバート確保のために全力をあげて陣地構築をした。とくにベティオ島は永久陣地とし、地下陣地による全島要塞化をめざした。

陸上には鉄レールを骨組みにしたベトン製の地下戦闘司令所をはじめ、椰子丸太で構築した半地下式トーチカを無数に作った。これらのトーチカは、直径二〇センチ以上の椰子丸太を二メートルの幅で二段に重ね、その中間に岩や砂をつめこんだものである。天蓋《てんがい》にも二メートル以上の覆土《ふくど》を盛り上げた。しかも各トーチカは地下壕で連絡されていた。直撃弾ならともかく、至近弾ぐらいでは、いかなる巨弾が落下してもビクともしない堅牢さである。海岸線にはやはり椰子丸太で組んだ防壁をほどこし、海中にも丸太と角材を二重にしばりつけた防塞をめぐらした。

七月に、ギルバート諸島の防衛司令官としてベティオに着任した柴崎恵次海軍少将に、

「たとえ、一〇〇万の敵の攻撃をもってしても、この島をぬくことは不可能であろう」

と豪語させるほどの築城ぶりであった。たしかに、従来考えられる攻城法では、この島を陥《お》とすことはきわめて困難だと考えられた。すべてのトーチカは射線が有機的に連携していて、死角がまったくない。そのうえ海岸から進攻する敵は、遮蔽物のない砂地を前進しなければならないのだ。

しかし柴崎少将は、陣地にのみ頼ろうとはせず、連日、激しい兵の訓練に重点を置いた。いかなる場合の敵上陸にも対応できるように、払暁、夜間を問わず猛訓練をおこなった。わずか四ヵ月のうちに、守備隊四六〇〇名の将兵はますます磨きがかかり、精鋭の度を一段と強化した。激しい訓練は、兵士の自信を高め、士気を鼓舞し、敵撃

滅の必勝の信念をつちかうものである。

「俺たちは、絶対に負けないのだ」

という自信が、いよいよ彼らを比類のない強兵にしていった。

マキンが敵の攻略を受けた同じ日、十一月二十一日の午前四時、タラワ環礁の外側にせまった米軍輸送船から、いっせいに上陸用舟艇が発進した。一二五両の水陸両用トラクターには、上陸第一波の海兵隊が乗り移っていた。

タラワ攻略に派遣された米軍は、ガダルカナル島での歴戦の、各連隊よりなる第二海兵師団で、師団長はジュリアン・スミス海軍少将である。兵力は一万八六〇〇名。彼らは、腕に覚えのある、鍛えぬかれた精鋭である。

すでにベティオには、過去三日間にわたって、艦砲と空母機による熾烈な砲爆撃を敢行していた。日本軍の地上構築物はすべて破壊しつくされ、沈黙を余儀なくされているはずだ。

上陸部隊を満載した舟艇群は、たった一ヵ所、環礁に開いている西側の水路から礁湖に進撃した。突然、ベティオの西海岸の砲台が火蓋を切った。日本軍は生きていた。二〇センチ砲弾が、水路を進入してくる舟艇群をとらえた。吹き上がる水柱とともに、舟艇群は吹き飛ばされ、海兵たちは海の中にたたきこまれた。

これを見て、H・ヒル少将の指揮する第五三機動部隊の旗艦、戦艦「メリーランド」がただちに応戦、その主砲で日本軍西海岸砲を制圧した。このとき偶然、一発の砲弾が弾薬庫に命中、島を揺り動かすほどの大爆発を引き起こした。

つづいて艦載機が攻撃する。上空から発見できる砲陣地、機銃陣地に爆弾を投下し、ついでに機銃掃射をこころみて飛び去った。このあと、午前六時二十分、戦艦三隻、巡洋艦五隻が、ふたたび上陸前の艦砲射撃をはじめた。

この砲撃で、米軍はじつに三〇〇〇トンもの砲弾をぶちこんだのである。爆煙は天をおおい、火炎は全島を包んだ。島は噴火山のように火柱を上げ、爆発の轟音は海面にさざ波を立てた。ベティオの小島は、この砲撃で完全に無防備になったと思われた。

米兵の血で染まった珊瑚礁

「私はそのとき、司令部付きの伝令で、一等水兵でした。ベトンの地下戦闘司令所は敵の砲弾などクソ食らえでした。柴崎閣下は全部隊に、敵が水際に到達したときに攻撃を開始するよう、全陣地につながっている同時電話で命令したのです。ところが大変なことが起こっていました。最初のものすごい艦砲射撃で、電話線が修理不可能なほどズタズタに切られていたのです。

司令官閣下はハッとされたようでした。電話が不通では、全軍の指揮を円滑におこなうことができません。ただちに伝令が走りましたが、命令はうまく伝わりません。なにしろ、あの砲撃で、みんな頭に血がのぼっていますし、わが軍の掩体壕も防護された砲台も、ほとんど大きな損害を受けていませんでしたからねえ。射程内に入った敵を、各陣地は待ってましたとばかり掃射していたのです」

奇跡的に生き残った音里一水は、往時をふり返ってこう語る。

電話線の不通で、統一的な指揮を失った各陣地は、独立行動をせざるをえなかった。守備隊は各個に、近迫する上陸部隊に対し、野砲と機銃と小銃をもって応戦した。

礁湖内には、海岸線を砲撃するため二隻の駆逐艦が進出してきた。これに対し、狙いすました海岸砲が発砲、うち一隻に命中弾をあたえた。ところが残念なことに、二弾命中にもかかわらず、二弾とも不発弾だった。駆逐艦は白い蒸気を吹き上げたが、航行に支障がない程度の被害である。

駆逐艦の援護を受けながら、敵の第一次上陸部隊が海岸に向かって殺到した。海兵隊を搭載した水陸両用トラクターの三波は、三分間隔で前進した。これにつづいて、地上兵力と戦車と野砲を積んだ上陸用舟艇の第四、第五、第六波が波を蹴立てて前進する。これらで、米軍の兵力は三個大隊である。

各波の上陸海岸は、西から第一大隊は「赤1区域《レッドビーチ・ワン》」、第二大隊は「赤2区域《レッドビーチ・ツー》」、第三大隊は「赤3区域《レッドビーチ・スリー》」と定められ、それぞれの担当する海岸の幅は三六〇メートルだった。

島の北岸中央部、「赤2」と「赤3」の中間に、長さ約四五〇メートルの桟橋が礁湖に突き出ている。その先端付近が、海中に隠れて島をとりまく珊瑚礁になっていた。このリーフに上陸部隊が近づいてきたとき、日本軍は猛烈な砲火を集中した。水陸両用トラクターはつぎつぎに命中弾を受けてひっくり返り、上陸用舟艇は混乱してぐるぐる回る。砲撃をまぬかれたトラクターは、一ヵ所に集まってリーフを乗り越えた。とたんに彼らは機銃と海岸砲の猛射で立ち往生する。つぎつぎにトラクターに砲弾が命中し、かろうじて海岸についたトラクターも、その場で擱座してしまった。

上陸用舟艇はリーフを乗り越えることができなかった。リーフ上の水深は六〇センチ～九〇センチにすぎない。舟艇が必要とする水深は、少なくとも一・二メートルなければならなかった。まして重火器を積んだ舟艇は、リーフの端にひっかかり、動きがとれなくなった。

やむなく第四、第五、第六波の上陸部隊は海の中に飛びこんだ。ライフルを頭の上にかかげ、胸までつかってリーフを乗り越えはじめた。乗り越えた先はふたたび深い海だ。彼らは重い装具のためぶくぶく沈み、おぼれ死ぬ者が続出した。

　あわてて浅瀬を手さぐりでさがす。四五〇メートルの珊瑚の暗礁を歩いて渡ることはそれだけでも大変な困難である。そこを狙って、日本軍の機銃が掃射し、砲弾は間歇泉のように海水を吹き上げた。リーフの上は殺戮の場となり、米兵は塩漬けとなった。

　一部の兵は桟橋にへばりついて前進したが、大部分の者は血で染まった海の中をうろうろと歩いていた。歩行は遅々として進まず、機銃と小銃の十字砲火にさらされながら、海岸にたどりついた者はほんのわずかだった。

　海岸の砂浜は、平均して六〇メートルの奥行きしかなかった。陸地側には、一・二メートルの丸太の防壁がつらなっている。これをよじのぼると、待ちかまえていた日本兵が確実に狙撃した。米兵たちは、防壁のそばに身を潜める。そこを狙って手榴弾を投げる。

　米軍の死傷者は続出する一方だった。海兵隊は一歩も前進できなくなった。前方をうかがうと日本軍の防御地区は、相互に援護する一連のトーチカ群を形成し、さらに塹壕、偽装されたタコツボに配置された狙撃兵などによって強化されている。米兵たちは絶望した。

この、どうしようもない殺戮から逃れるために、攻撃隊指揮官デビッド・シャウプ海兵大佐は、連隊予備の前線参加を命じ、「メリーランド」艦上のスミス師団長に、援護射撃と航空支援を要請した。

またもや巨弾が発射された。島はふたたび爆煙に包まれた。海岸から砲撃位置を指示する無線電話の誘導で、落下砲弾は正確に的を射はじめた。この間に師団長は後方師団予備に出撃を命じ、当時マキン沖にいたホーランド・スミス少将に、第五水陸両用軍団の予備兵力、海兵一個連隊の投入使用を要請した。

すでに午前中に上陸した米兵約五〇〇〇名のうち、その三分の一は死傷していた。

司令官緒戦に死す

「二度めの艦砲射撃はすさまじいものでした。司令官は伝令を走らせるのですが、砲撃で吹き飛ばされたり、死にもの狂いの海兵の銃撃に倒れる者が多く、命令はうまく伝わりません。死傷者の増加は目にあまるものでした。壕内といわず、トーチカ内も、死傷者で足の踏み場もないほどです。

柴崎閣下は、訓練には鬼の司令官でした。しかし部下思いの、やさしい人でした。あの鬼の司令官が、と思うほど、温情の厚い、部下の身になって考える人です。閣下は負傷者をそのまま放置するにしのびず、戦闘司令所を負傷者の治療所に提供し、自分は参謀、司令部職員を連れて、外海側の防空壕に移られたのです。もちろん私も同行しました。

司令部は島の中央部の陣地にありました。閣下は、西地区の様子がよくわからないので、私が伝令に出ることになりました。砲撃の中を壕から飛び出した私は、比較的敵弾の落下しない滑走路のほうに走ったのです。

そのときです。たてつづけに背後で炸裂音がしたので、私は地面に突っ伏しました。心配になったので、司令部の壕にもどってみると、壕は無残にも、砲弾でえぐられて、すり鉢の大穴が四つも並んでいるじゃありませんか。なんということです、負傷者のた

昭和18年11月23日、米軍上陸3日後のタラワ環礁ベティオ島。あいつぐ砲爆撃で島は蜂の巣となっている。

めに外に出た閣下は、一片の肉片もとどめず、壮烈な戦死をとげられたのです。もちろん参謀も、司令部員も蒸発したように、影も形もありません。私だけが生き残ったのです。私はこのことを、だれに報告したものかと、一瞬迷いました。しかし、報告するのはやめにしたのです。

明らかにこの戦闘は玉砕戦です。もとより死を覚悟して戦っているとはいえ、司令官閣下の戦死を報ずることは、それだけで士気を阻喪《そそう》させることになります。私も閣下のあとを追うべく、近くのトーチカにもぐりこんで死にもの狂いで射撃に加わったのです」

戦いは激化し、日本軍守備隊は掩蔽壕とトーチカとタコツボに立てこもって猛射した。これらの銃砲座に対して米軍は、自動小銃では歯が立たないので、手榴弾、爆薬、火炎放射器をもってする肉薄攻撃をくり返した。

一つのトーチカを爆破すると、そこに死角が生じる。彼らは死角を利用してつぎのトーチカを破壊する。こうした単純な攻撃法で、彼らは日本軍陣地を一つ一つシラミつぶしにかかった。

これを阻止しようと、日本兵はしばしば掩体から飛び出し、ちぎれた椰子の幹のかげに立って、眼前に肉薄する米兵を狙撃した。さすがに勇猛をもって自負する海兵も、この剛胆な日本兵には感嘆せざるをえなかった。

夜が訪れたとき、日本軍拠点の陣地前の海岸に上陸した海兵隊のほとんどは、戦死するか、一歩も動けずに砂を掘って身を潜めていたが、「赤1区域」の西半分では、幅四六〇メートル、縦深二七〇メートルの縦深にわたって確保し、桟橋のつけ根のあたりでは、一四〇メートルの縦深にわたって確保し、

師団予備の二個大隊は、リーフの外で上陸の機会をつかめず海上をただよっている。

陸上では、海兵たちが日本軍の夜襲におののいていた。橋頭堡を築いたとはいえ、戦線は隙間だらけだし、飲み水もなく、疲れきった海兵たちは戦闘意欲を失っていた。いま日本軍が斬りこみをかけてくると、彼らは海の中にたたきこまれることは確実だった。

だが日本軍は夜襲をかけなかった。連絡方法を失った日本軍は、統制ある行動をとることができなかったのである。しかし彼らにはなお戦う力があった。勇気があった。

夜がふけるにつれ、闇を利して陣地をぬけ出すと、破壊されたトーチカに潜入してこれを生き返らせ、擱座したトラクターを奪って敵の背後を確保し、さらに海岸から六〇〇メートルの沖のリーフに擱座している輸送船「斉田丸《さいた》」の残骸の中に機銃を据えつけた。夜が明けたら、敵の背後から攻撃をかけようとの捨て身の戦法である。

〝数分間で敵を一〇〇人以上やっつけました〟

「私たちは、二日目の朝をむかえて、戦友と水杯をかわしました。もうこれで最期だと思ったのです。組織的な抵抗はできない状態でしたからね。すでにわが部隊は、半数以上が戦死していたでしょう。部隊が半数もやられたら、戦闘能力を失い、全滅と認定されることになってるんですが……。

朝の六時ごろだったと記憶しています。いよいよ敵の増援軍がリーフの向こう側から殺到してくるのが見えました。とたんに、まだ健在だった海岸砲と迫撃砲が火を吐いて、上陸用舟艇のど真ん中で炸裂したのです。つづいて『斉田丸』に潜入した友軍の機銃が、海面を猛射したじゃないですか。

いやあ、すごかったですよ。狙い撃ちですからねえ。敵は右往左往して逃げ回る。そこへ砲弾を浴びせる。ほんとに痛快でした。

かろうじてリーフにたどりついたやつを、こんどはこっちが狙撃です。のたうちまわって海面に倒れる敵兵、ずぶずぶと沈んでゆく敵兵、撃って撃って撃ちまくりました。海岸に張り出してあった便所の中から、機銃を乱射している兵がいましたが、こいつがよく当たりましてね。あれは殊勲でした。ところが敵が、この便所に迫撃砲を

徹底的に破壊されたベティオ島の日本海軍飛行場。タラワには全長1400メートル、幅60メートルの飛行場があり、米軍のマーシャル攻略の拠点となる。

ぶちこんで、あっという間に粉砕されてしまいました。しかし数分間で、敵を一〇〇名以上やっつけたことはたしかですよ」

「斉田丸」からの機銃射撃は絶大な効果をあげていた。米軍はこれをどうすることもできなかった。犠牲者はふえる一方である。

ついに戦闘機が四機、上空に現われて機銃掃射をはじめた。古い船体に、機銃弾がずぶずぶ貫通する。しかしそんなことで沈黙させることは不可能だった。さらにヘルキャット戦闘機が三機現われた。それらは小型爆弾をかかえていた。一番機、二番機の急降下爆撃は至近弾で空振り。三番機がようやく直撃弾をあたえた。

火柱が一五メートルの高さに吹き上がったが、機銃の吐く火はおとろえをみせていなかった。無傷なのだ。

こんどは一二機の戦闘機が飛来した。つぎつぎに緩降下して爆弾を投じるが、停止している目標物なのに命中しない。陸上の米兵たちは、この不体裁で技量のなってないパイロットを呪ったものだ。ようやく一発だけ命中した。だがさっきと同じで、日本兵の機銃をつぶせなかった。

ついに決死隊が編制された。工兵の一隊が命がけで船に近づき、高性能爆薬をしかけると、一瞬のうちに船もろとも、殊勲の日本兵を吹き飛ばしてしまった。

「緑区域《グリーン・ビーチ》」と呼称された西端海岸に、軍団予備から派遣された米軍一個大隊が上陸したのは午後三時だった。彼らは島の南岸沿いを前進しはじめた。さらに別の軽戦車中隊が上陸、日本軍のトーチカ前面に進出すると、戦車砲で榴弾を撃ちこみはじめた。

海岸から、じりじりと前進した海兵たちはトーチカをつぶしながら新たな目標を物色しはじめていた。陣地を破壊された日本兵は、壕を出て戦った。ある者は椰子の丸太を遮蔽物として狙撃し、ある者はいまなお立っている椰子の木にのぼって狙撃した。

突然、頭の上から飛んでくる銃弾に、米兵が数名が倒れた。ただちに応射するが、弾が幹にくいこむだけだ。椰子の木のてっぺんに陣取った日本兵はなおも射撃を続行する。

ついに腹を立てた米兵の一人が、機関銃をもってきて木のてっぺん近くを乱射し、幹ごと真っ二つに切断してしまった。日本兵は地上に落ち、蜂の巣にされた。

この日の終わりまでに、桟橋のつけ根を確保していた海兵隊は、その橋頭堡をじょじょに広げて、ついに南海岸にまで達した。

このために日本軍は西と東に分断されたのである。この時点で米軍は、ようやく状況が好転しつつあることを確認した。シャウプ大佐は、スミス第二師団長あてに戦況を報告し、最後にこうつけ加えた。

「死傷者多数。戦死率不明。戦況は有利。わが軍は勝利に向かいつつあり」

このころ、連合艦隊は、マキン・タラワを救援すべく、増援部隊の編制を急いでいた。支援部隊、補給部隊、輸送部隊、および陸軍用装備の支隊からなるもので、重巡四、軽巡四、駆逐艦一一、潜水艦九、輸送船二からなっていたが、その実現性はきわめて疑問であった。すでにタラワからは、二十二日の午前中に通信が途絶していた。艦隊が戦場に到達するころには、両島とも玉砕している可能性が強かったからである。

それでも遅まきながら、内南洋方面航空部隊指揮官は、米機動部隊に攻撃を企図し、雷装した陸攻九機、戦闘機三九機をルオットから発進させたが、天候不良のため引き返した。

そこで雷装を爆装にかえてタラワ上陸部隊の昼間攻撃に発進させたが、これも途中から引き返した。

その夜、陸攻四機が爆撃に飛び立った。深夜、タラワ上空に達した攻撃機は、米軍の上陸地点とおぼしきあたりを二航過して、爆弾八発を投下した。地上の米兵たちは、空を見上げながらいったものである。

「あいつはまったく公平だよ。爆弾の半分はわれわれの上に、あとの半分は日本軍の上に投下していきやがった」

この爆撃で、米兵は戦死が一名、負傷者は七、八名の被害だった。

そして玉砕……

十一月二十三日、戦闘三日目となった。この日、米軍は残りの軍団予備一個大隊を「緑区域」に上陸させた。

これで予定の上陸部隊はすべて投入し、戦闘は急速に収束しつつあったので、スミス師団長は陸上で指揮をとった。彼の目標は、まだ「赤1区域」で抵抗をつづける日本軍陣地を掃討し、東方へ進撃することにあった。

強固な日本軍のトーチカと掩体壕は、戦車をもってしても、なかなか破壊できなかった。そこで火炎放射器と、ＴＮＴ爆薬をしかけて粉砕することにきめた。

「また一日生きのびました。われわれは飛行場の東端陣地に集結したのです。そうですねえ、約三五〇名もいましたか。それまでに士官もずいぶん戦死して、最後は若い中尉が指揮をとっていました。

後退した理由ですか？　それはもう、敵の攻撃法が変わってきたんですよ。単なる砲撃だけではトーチカを破壊できないもんだから、火炎放射器を吹きだしたんです。あれはこわいですよ。トーチカ内に吹かれると、炎を避けられても酸素がなくなって窒息してしまうんです。そのあとはあぶられて黒こげですからねえ。

この日、夜になってから最後の突撃を敢行することになりました。もう手元には手榴弾も残っていません。重傷者に渡す自決用もないんです。動けない者は、銃口を口にくわえ、足の親指で引き鉄を引いて死んでゆきました。それすらできない者がいます。足を砕かれている者ですよ。彼らはたがいににじり寄ると、手に帯剣を握りしめ、気合いもろとも心臓を刺し合うのです。心臓を突き刺したら、人間はすぐに死ぬと思っていたのですが、なかなか死なないのには驚きました。見るに見かねて、戦友が介錯しましたけど、自決するときは心臓を選んではダメですね。

突入は三回に分けておこないました。一、二回は二、三〇名ずつ突入したのです。私は、二回目の突入に参加したんですがね、敵は一個大隊もいましたでしょうか。われわれと比べると大軍です。それが待ちかまえていましてね、迫撃砲を撃ってきたんです。卑怯な敵だと思いました。こっちは玉砕なんですから、正々堂々と渡り合いたかったのですがねえ」

音里一水は、まっしぐらに敵陣に走ったが、後方で炸裂した迫撃砲弾に吹き飛ばされ、頭を強く打って気を失ってしまったという。

その後を、最後の残りが突入したが、いずれも同一地点を攻撃したので、米軍はなんなく撃滅することができた。日本軍は玉砕という突入戦術で、自決していったのである。西地区の残兵約五〇名も同様に自滅した。

翌二十四日、全島は米軍の手に帰した。このとき、士官一名、下士官兵一六名が、いずれも意識不明のところを捕らえられ、捕虜となった。同時に朝鮮人労務者一二九名が捕らえられた。米軍の損害は戦死一〇〇九名、戦傷者二二九六名であった。

●玉砕の島⑤——クエゼリン島

ロケット弾に野望砕かる！

昭和十九年の初頭、もはやソロモンの攻防戦は日本軍の敗北に帰し、最後の抵抗線と頼むブーゲンビル島も無力化していた。また東部ニューギニアの戦線も連合軍の強大な圧力の前に潰え去っていた。こうした戦況からみても、米軍がマーシャルに襲いかかってくるのは時間の問題であり、日本軍はこの方面の防備強化に懸命の努力を払っていた。しかし、島嶼防衛の実効は、いささかも進展していなかった。

●米軍進攻日＝昭和十九年一月三十日　●米軍兵力＝四万一四四六名
●日本軍兵力＝八一一〇名　●玉砕日＝昭和十九年二月六日
●生存者＝二六三名

「飛び石攻撃」プラン

昭和十九年は〝玉砕の年〟といってよいほど、日本軍は洋上の孤島でつぎつぎに全滅していった。

アッツ、マキン、タラワの各島が、前年の玉砕の島であった。そして十九年に入って、まず最初に米軍が矛先《ほこさき》を向けたのは、日本の国防圏外縁のマーシャル諸島である。ルオット、クエゼリンの二島が、いままさに玉砕の祭壇に供えられようとしていた。

日本兵には、捕虜となって生きのびるという思考は皆無だった。『瓦となって全からんよりは、玉となって砕けよ』との信念が支配的で、それは、七たび生まれて敵を撃つという激しい闘魂にすりかえられていた。

死してなお戦う気概が、タラワでは米軍を恐怖の底に突き落とした。この島で、予想外の損害を受けた米軍は、日本軍守備の島を攻略することの困難をひしひしと感じていたのである。

マーシャル諸島攻略の作戦計画では、はじめニミッツ提督が、マロエラップとウオッゼの両環礁と、マーシャル諸島の中枢であり日本軍の司令部のあるクエゼリン環礁に同時攻撃することを発令していた。

これに対して、〝タラワの恐怖〟を身をもって味わってきたホーランド・スミス少将は、この三つの基地を同時攻略することは困難であると主張し、計画の再検討を進言した。これについてスプルアンスとターナー両提督もスミス少将の意見に同調した。

彼らは、最初にマロエラップとウオッゼを占領し、そのあとでクエゼリン作戦をおこなうことを主張したのである。

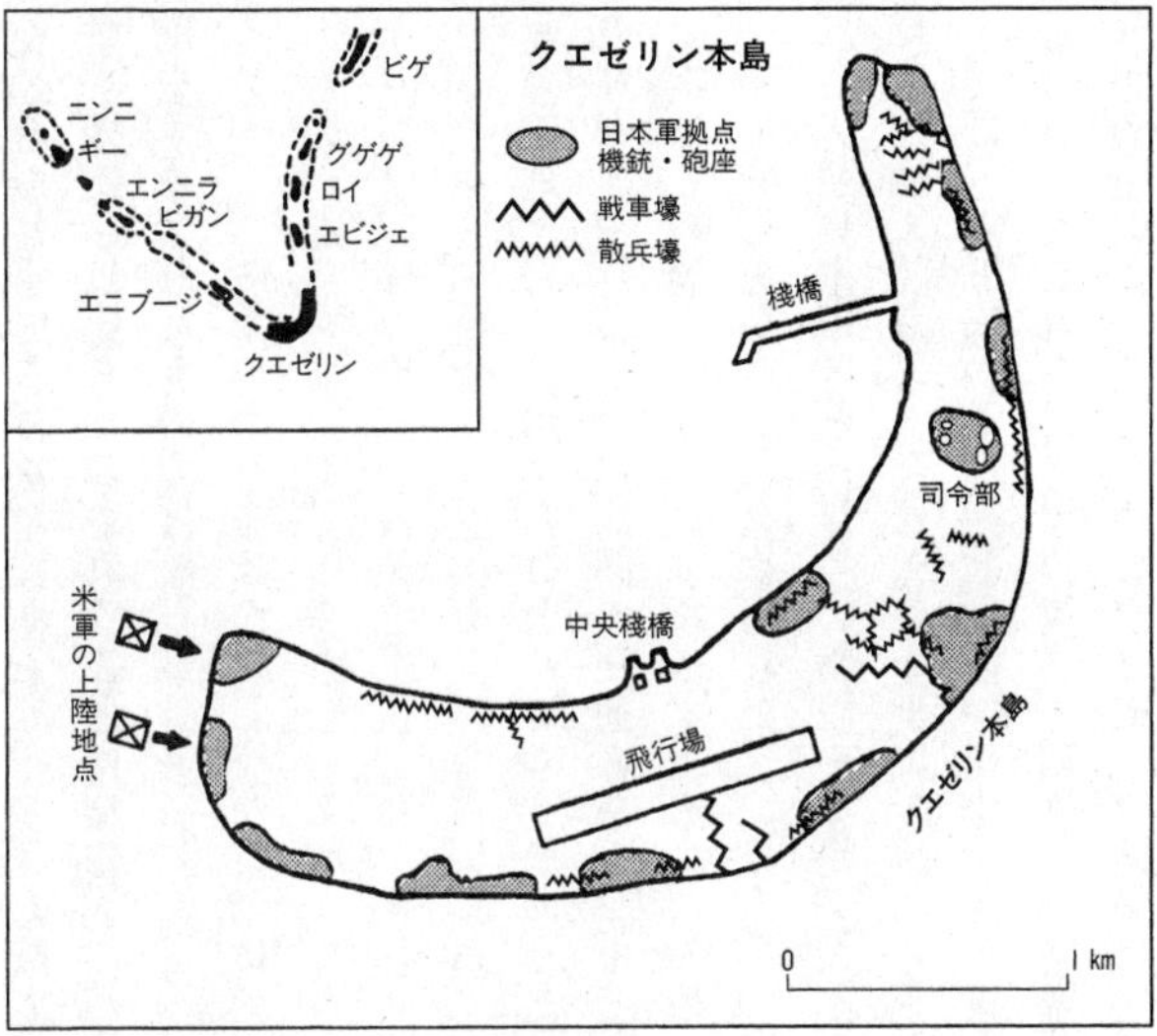

　一方、ニミッツ提督は、きわめて大胆な作戦を提案した。彼は東マーシャルの多くの日本軍基地を素通りして、クエゼリンのみを攻略目標とすると断言したのである。いわゆる〝飛び石攻撃〟である。

　もちろんスプルアンス、ターナー、スミスの三人は激しく反対した。彼らにはこの提案が、作戦の定石を逸したプランに思えたのである。

　たとえクエゼリンを占領できたとしても、同島は、前線のマロエラップ、ウオッゼ、ミリ、ヤルートの日本軍基地からの航空攻撃の目標になることは明らかだ。しかもこれらの基地は、真珠湾、ギルバートからの交通線を妨害できる位置にある。そのうえ後方のエニウエトクを通じ、日本本土との航空補給路は完全に残されることになる。これでは、火中の栗をひろおうとして大火傷をするようなものではないか。

しかしニミッツの意志はかたくななまでに強固だった。彼には心中、ひそかに期するものがあったのである。やむなくスプルアンスは、ニミッツの作戦を受け入れるかわりにメジュロ環礁の占領を主張した。

メジュロの確保は、クエゼリンを占領するまで、その作戦海域における防御された艦隊泊地として使用することができ、そのうえメジュロから発進する飛行機は、クエゼリンとギルバート諸島間の交通線をカバーできるという利点があるというのだ。この案は、石橋をたたくようなスプルアンスの緻密な性格がよく現われていた。ニミッツは苦笑しながらこれを承認した。

一方、日本軍はどう見ていただろうか。大本営は、マキン、タラワのつぎは、東部マーシャル諸島のミリとヤルートに米軍の攻撃が向けられるだろうと考えていた。あるいは、真珠湾からもっとも近いウオッゼ、またはマロエラップの可能性も考えられるとして、これら外方に位置する環礁に、防衛強化のための物資と人員を優先的に取り扱っていた。このため、クエゼリン防衛はいくぶん遅れをとっていた。

日本軍のマーシャル諸島の防備は、第四艦隊のもとに、第六根拠地隊、第二二、第二四航空戦隊など、海軍が主力となり、あわせて陸軍部隊も配置されていた。十九年一月十五日現在の、各島の守備兵力をみると、陸海軍あわせて、ミリ＝四六四〇、マロエラップ＝三三三〇、ウオッゼ＝三三二四、ヤルート＝二三一一、クサイ＝四五九四、ルオット＝二九〇〇となっていた。問題のクエゼリンは、在島人員数五二一〇名のうち、海軍が約二七〇〇、陸軍は約一〇〇〇という兵力であった。

マーシャル諸島の日本軍の総兵力は、数だけは約二万五〇〇〇人いたが、各隊はそれぞれの島に分散配置されていたため、兵力は十分とはいえなかった。しかも防御施設はほとんどなく、どの島でも、ようやく塹壕を掘りはじめたところであった。

図に当たったミッツ計画

昭和十九年一月十一日、小西陸軍伍長は、輸送船「但馬丸《たじま》」からおそるおそるクエゼリン島に上陸した。太陽の日射しがひどく暑くて目まいを覚えるほどだった。

「これが、南洋の島か」

伍長は、めずらしい椰子の木をあおぎ見てうなった。夢のようだった。流れる額の汗をふいて、いままで零下二〇度の酷寒の満州にいたことなど、とても信じられなかった。

彼は、満州のノモンハンに近い阿爾山《アルシャン》の独立守備隊に所属していたのだが、十八年十一月に、突然、チチハル郊外の昂々渓に送られて改編され、海上機動第一旅団第二大隊に所属することになった。

関東軍の身分で海上機動とは、彼はわけがわからなかった。うろたえる本人の意思にかかわりなく、彼はたちまち列車で釜山に送られ、船に乗せられていったん、九州の佐伯港に入港した。内地の山を見て感激しているのも束の間、船は太平洋を横断してトラック島へ入港、下船も許されずそのままエニウエトクを経由してクエゼリンへと運びこまれてしまったのである。

玉砕の中で、奇跡的に生を得た小西伍長は、往時をしのんでこう語っている。

「いや、おどろきました。到着するまでどこにいくのかぜんぜん知らされていませんでしたからねえ。それがあんた、赤道に近いクエゼリンでしょう。なにしろ広大な満州で訓練を受けてきた私らが、こんなちっぽけな南の孤島でなにをするのか、見当もつきませんでしたよ。そりゃあ、どこで戦うも、ご奉公は同じですがね、北と南ではまるで条件がちがうし、島の守備だといわれても、どうやっていいのかまごつくばかりで。もともとあそこは海軍さんの島でしたから、なにからなにまで勝手のちがうことばかりでねえ。おまけに上陸して二十日ほどたったころ、まだろくに島の様子も覚えられんうちに敵機は来襲するし、上陸はしてくるしでしょ、ほんとに、あわてましたねえ」

当時、大本営特務班は、米軍の通信情況を分析した結果、一月二十二日、有力部隊がハワイを出撃したとの判断を下し、それが米軍の機動部隊で、マーシャル方面に向かっているらしいと確信、ただちに一月二十四日夜、関係各部隊に緊急打電したのである。残念ながら米軍の暗号は解読できなかったが、この情報は正鵠《せいこく》を射たものであった。

だが日本軍は、敵がクエゼリンをめざしているとは考えなかった。むしろ東マーシャルに来攻するものと考え、各島守備隊は手ぐすねをひいて待ちかまえていた。ニミッツの計画は図に当たったといってよい。彼は、日本軍は東マーシャルに力を入れて、ルオット、クエゼリンは防備が手薄になっているだろうと判断していたのである。

たしかにそのとおりだった。世界一巨大な環礁といわれているクエゼリン環礁の北部に一本の土手でつながった双子島のルオット・ナムルの両島がある。ここに日本軍は、実戦部隊の第六一警備隊分遣隊がたったの四〇〇人しかいなかった。あとは航空隊関係が一五〇〇人、設営隊関係が八〇〇人、航空廠関係が二〇〇人、その他軍属が二〇人で、すべて非戦闘員である。総計二九〇〇人のうち、海軍軍人は一九〇〇人、あとの一〇〇〇人は軍属である。

同島の指揮官は第二四航空戦隊司令官山田道行少将であったが、これでは守備はおろか無力に等しい情況であった。

クエゼリンとて同様である。たまたま陸軍の機動第二大隊約一〇〇〇名が到着したとはいえ、この部隊はウオッゼに進出する予定の部隊だった。輸送船のつごうで待機の状態だったから、実戦部隊としての任務にはついていない。

同島の指揮官は第六根拠地隊司令官の秋山門造海軍少将である。秋山少将は、第六一警備隊司令の山形政二海軍大佐と協議し、マキン、タラワの戦訓からみて、米軍が礁湖内から上陸する場合もありうると考え、内側海岸に戦車壕、トーチカ、機銃陣地などを急速に構築することにした。とはいえ急場の陣地構築である。タラワのような地下陣地は作れず、椰子の丸太で掩蔽壕を作るのがやっとだった。

秋山少将は、米軍来攻の場合を想定して、クエゼリン本島を南北の二防備地区に分け、南の地区には来島して間のない、阿蘇太郎吉陸軍大佐の指揮する機動大隊と、第六根拠地隊付属陸戦隊、気象隊、軍需部、輸送部の兵員をあて、北地区には、第六一警備隊司令山形大佐の指揮する全海軍部隊をあてた。

一応、防備態勢はとったが、とても万全の備えとはいえない。だが、日本軍は比較的楽観していた。米軍がここまで上陸作戦を展開してくるとは思えなかったからである。

新兵器のロケット弾を撃ちこまれる

「地図を見てもわかるとおり、クエゼリンはマーシャルの中でも後方基地です。敵はここまではこないだろうと、われわれは島の防備訓練のような軽い気持で配置についたものでした。あれは一月三十日のことです。私は初めて空襲の恐ろしさを身をもって体験しました。爆撃されはじめると、自分のいる壕に爆弾が落ちてくるように思っちゃうんですよ。それで思わず壕から飛び出して、かえってやられる兵が大勢いました。

『壕から出るなッ、出ちゃいかん！』

と、上官が大声で叫ぶんですが、そんなもの聞こえやしません。私も飛び出したくて尻がうずうずしたもんです。至近弾が落ちると塹壕の壁がいまにも両側から圧迫してきて、押しつぶされるような気がするんです。土砂や破片がうなりを上げて頭上から落下してくる。爆弾もさることながら、敵機は新兵器を持ってきたんですよ。ロケットです。まるで上空から加農砲《カノン》をぶちこまれているようでした。一直線にシューッとロケット弾が飛んでくるのが見えるんですからねえ。あれは怖かったですよ、ほんと。たちまち地上はめちゃめちゃになってしまうし、友軍機は一機もきてくれないし、撃たれるまま私らは、壕の中でちぢまっていましたがね、あんな情けない気持になったのは初めてです」

このとき米軍は、制式空母一二隻を含む約三〇〇隻の艦艇と船舶が、五万三〇〇〇人の攻撃部隊と三万一〇〇〇人の守備部隊を搭載してクエゼリン環礁めざして進撃していたのである。総指揮官は、重巡「インディアナポリス」に座乗するレイモンド・A・スプルアンス中将であった。

彼の指揮下に並ぶのは高速空母機動部隊を率いるマーク・ミッチャー少将。エリスおよびギルバートの基地航空隊を指揮するジョン・フーバー少将。クエゼリン島攻撃部隊のリッチモンド・ターナー少将。ルオット・ナムル攻撃部隊のリチャード・コノリー少将。上陸部隊の陸軍第七師団および第四海兵師団を率いるホーランド・スミス海兵少将という陣容である。

マーシャル攻略の目標となったクエゼリン本島。同島を含むクエゼリン環礁は世界最大の環礁で、本島はその南端にあり、飛行場などの施設があった。

一月三十日の早朝、ミッチャー少将指揮の高速空母部隊は、七五〇機の艦上機を空母の甲板に満載してマーシャル海域に到着した。米軍のおきまりの事前攻撃が、この日、マーシャルの各島に実施されたのである。

フーバー少将の基地航空隊が、ヤルートとミリの制圧作戦に従事中、ミッチャーの空母機はマロエラップとウオッゼ、クエゼリンを空襲、たちまち一回の攻撃で、日本軍守備の各島の飛行場に並んでいた日本機の全部を破壊してしまった。日本軍は、虚を衝かれた形となったのである。さらにミッチャーの艦載機はエニウエトクに飛び、海上からは戦艦二、巡洋艦一が艦砲射撃を実施した。

各島とも、空と海から砲爆撃を受け、クエゼリン島も、延べ二〇〇機が三波に分かれて来襲、夜に入ってからは、戦艦二、駆逐艦五による艦砲の洗礼を受けたのであった。

翌三十一日も、米軍の空と海からの攻撃は熾烈につづけられた。マーシャル諸島の全島が、爆撃と艦砲にさらされ、敵がどの島に上陸を策しているのか皆目見当がつかないありさまだった。この一連の米軍の攻撃は、クエゼリン方面における日本航空兵力を完全に粉砕し、マーシャル諸島の海岸防御を破壊してしまうのが目的であった。ことにクエゼリン島に対する攻撃は圧倒的であった。米軍はタラワのベティオ島に投入した爆弾の四倍もの重量を撃ちこんだのである。飛行機は正確に爆撃し、射撃艦は要塞、トーチカを貫徹する徹甲弾で砲撃してきた。

ルオット、ナムルの両島に対する米軍の攻撃もすさまじいものがあった。三十一日だけで米艦隊は、じつに約七〇〇〇トンもの砲弾を投入したのである。

二月一日、ついに米軍は上陸島を明らかにした。

ルオット島の両側に、等間隔で帯状に連なるエニマネック、エニブニ、エニビン、ミルの各小島に、米軍部隊が上陸、ここに砲兵隊がその日のうちに砲を据えつけたのである。ルオットからもっとも離れているミル島にしても、わずか七五〇〇メートルの距離である。ルオットは、風前の灯といってよかった。

クエゼリンの情況も同様だった。東方に点々と浮かぶエニプージ、エンニラビガン、ギー、ニンニの各島に米軍の砲兵隊が上陸、小数の日本軍守備兵を蹴散らして砲を据えつけた。こうなると、自然の要害も逆効果となってしまう。米軍は着実に日本軍の首をしめつけてきたのである。

この日、ターナー少将麾下《きか》のメジュロ攻略部隊は、ハリー・ヒル海軍少将指揮のもと、メジュロに上陸、同日中に無血占領を果たしてしまった。日本軍はいなかったのだ。彼らはただちに移動サービス戦隊をくりこんで、艦隊が真珠湾に頼らなくてもよいように前進基地の建設にとりかかった。これ以後、メジュロ基地は米軍の反攻基地として、おおいに日本軍を悩ます戦略要地となるのである。

生き残ったほうが地獄

「三十日から三日間、私らは壕に這いつくばりどおしでした。爆撃と艦砲で、島では約一〇〇〇人が戦死しました。いえ、戦死というより蒸発ですね。一片の肉も残さず、きれいに雲散霧消しちゃうんですよ。しかし、あれだけの猛烈な砲爆撃をくらいながら、人間というものはよく死なんもんですよ。生きているのが不思議なくらいでしたがねえ。負傷者は数知れずです。もう戦力なんかありませんでした。私ですか？　それがどういうわけか、カスリ傷一つなかったですわ。幸運ですって？　そうですかねえ。ああいう戦闘では、早く死んだほうが幸運だといえるんじゃないでしょうか。生き残ったほうが、はるかに地獄です」

三日間にわたる砲爆撃の効果は大きかったことは確かである。クエゼリン島では、掩蔽壕は吹っ飛び、トーチカは粉砕され、砲座は見るかげもなく、機銃座は焼けただれてしまっていた。

ことにルオット、ナムルの両島はひどかった。二月二日、米軍の第四海兵師団、第二三および第二四各海兵連隊が上陸したときは、すでに山田道行少将は爆死しており、日本軍二九〇〇人のほとんど全員が砲爆撃で死傷していた。ルオットでは、米軍が上陸したとき、突然一梃の機銃が火を吹き、日本兵が銃剣をかざして水際に突撃してきた。勇敢な突撃ではあったが、まったく無益なことだった。たちまち彼らはなぎ倒され、ルオットは沈黙した。

となりのナムル島では、小数の生き残りの日本兵が抵抗していた。積み上げた石や、切り倒した椰子の丸太が彼らの狙撃陣地になっていた。はかない抵抗ではあったが、米軍は容赦なく爆薬と火炎放射器で日本兵を掃討した。

このとき、島全体を揺り動かす大爆発が起こった。火山の噴火を思わせる火柱が立ちのぼり、黒煙が空をおおった。ついでコンクリートと金属の破片が、敵味方の区別なく、うなりを上げて空中から降ってきた。このため、多くの米兵に死傷者が出た。弾薬庫の爆発だった。初めて戦場に出てきて、興奮した一人の米兵が、弾薬庫を日本軍の戦闘指揮所と思いこみ、攻撃したために起こった大爆発だった。

両島を通じて最大の激戦地はナムルの西側であった。だが日本軍の力はすでに尽きていた。反撃の甲斐も空しく夜が明け、ナムルはついに沈黙した。

一方、クエゼリン島の戦闘は最高潮に達していた。二日の午前四時ごろ、米軍は戦艦四隻、巡洋艦二隻、駆逐艦四隻、輸送船約二〇隻が礁外の視界内にあり、艦砲射撃の援護のもとに、輸送船一七隻が礁湖内に侵入、上陸を敢行してきた。

米軍はタラワ戦の教訓を存分に生かした攻撃法をとっていた。タラワでは、砲爆撃が不完全であったことと、リーフ上を兵が直接徒渉したことで損害が大きかった。

これらを徹底的に改善すべく、彼らは、トーチカ陣地破壊のために、砲爆弾はすべて貫通力の強い徹甲弾をもちい、弾着の正確を期するために通信隊と観測隊を特別に参加させていた。

さらに、効果的に上陸作戦をお膳立てしたのは上陸用舟艇の多用だった。

タラワ戦で不足をかこった水陸両用トラクターを、一二五両（タラワでは一二五両）にふやしたことである。このトラクターは、新たに装甲鈑をとりつけ、機銃を装備していた。

同時に、機銃と三七ミリ砲を装備した水陸両用戦車七五両が配備され、そのうえ、ロケット砲、二〇ミリ機銃、四〇ミリ機銃を装備した浅い吃水《きっすい》の歩兵揚陸艇が採用された。

これらの上陸用舟艇群が海岸に殺到するまで、沖の艦艇群は連続砲撃を続行し、クエゼリン周辺の小島に陣取った砲兵隊は、なんの妨害も受けることなく射撃をつづけた。そのうえ上空からは、B24爆撃機が、四五〇キロと九〇〇キロの大型爆弾を投下していた。

第一波が水際から四五〇メートルの距離に達したとき、空中観測機は吊光弾を投下して射撃をつづける艦隊に知らせた。砲撃は中止され、つづいて上陸部隊は海岸に殺到した。米軍は一兵の損失もなく上陸に成功した。日本軍はそのあいだ、まったく沈黙を余儀なくされていた。タラワの苦い戦訓は、こうしてみごとに効果を発揮したのである。

上陸作戦を直接指揮した陸軍少将チャールス・コーレットの率いる第七歩兵師団は、

前年の五月、アッツ島を攻略し、キスカ島を占領した戦歴をもつ師団である。上陸作戦はきわめてスムーズに能率的におこなわれた。というのも、かつてアッツ戦でヘマをやって以来、コーレット少将は師団に対して厳格な訓練を反復していたからであった。

まず、米軍の二個連隊が上陸したのは、クエゼリン島の狭い西岸だった。この地点を選んだのは、礁湖側の広い地区は、日本軍に側射される危険があること、また外洋側の海岸は磯波が大きく日本軍の防備が厳重であろうとの理由で、残された西岸を選ぶこととなったのであった。

この選択は賢明だった。午前九時三十分、計画どおり第一波が着岸し、水陸両用戦車が数百メートルにわたる上陸拠点をカバーした。その間、わずか一二分間に、一二〇〇名の陸兵が上陸し、進撃のための部隊編制を開始した。日の暮れるまでに、米軍は約一万一〇〇〇の兵力を揚陸したのである。

「敵が上陸してきたとき、秋山司令官殿は全軍に悲壮な号令を下しました。『各隊は、一兵となるまで陣地を固守し、増援部隊の来着まで本島を死守すべし』

そういわれて、島中央の司令部の壕から、前線視察に出られたそうです。その直後、流弾が司令官に当たって戦死されたと聞きました。私らの阿蘇大佐は、豪勇沈着な方でしたねえ。司令官戦死の報にもビクともせず、その夜、夜襲決行を冷静に命令されましたよ。よっしゃ、関東軍の底力を見せてやろうと、私らは敵陣めがけて反撃したんですわ。この攻撃は成功でした。いったんは敵を水際まで撃退したんですから。ところが占領されている島から砲撃されましてね、損害を受けて反撃はあと一歩というところで挫折してしまったのです。惜しかったですわ……。

その後はダメでした。陣地戦になると多数に無勢、じりじり押されて、後退するばかりです。四日には司令部の首脳全員が自決、五日には阿蘇大佐を先頭に最後の突入、そして玉砕です。私ですか？　見てください、この傷痕を。両肩に盲管《もうかん》、右腕は貫通、銃はとれませんわ。捕虜になるとき、私はこれが最期だと思って米兵に噛みついてやりましたよ」

●玉砕の島⑥――エンチャビ島

ブラウン環礁に死の空爆

クエゼリンを手中にした米軍は、余勢を駆ってマーシャル諸島のはるか西方に浮かぶブラウン環礁に進撃してきた。マーシャルの東方にはウオッゼ、マロエラップ、ヤルートなど、無傷の日本守備隊が在島していたが、米軍は目もくれず、後方に置き去りにしたままだった。いわゆる飛び石作戦である。この大胆な急速戦法に、日本軍は防備態勢が整わず、兵力の逐次投入を強いられ、無意味な消耗を余儀なくされていく。
●米軍進攻日＝昭和十九年二月十九日　●米軍兵力＝約八〇〇〇名
●日本軍兵力＝一二七六名　●玉砕日＝昭和十九年二月十九日
●生存者＝一六名

身を隠す場所もない平らな島

ブラウン環礁はマーシャル諸島の北西端にある環状珊瑚礁である。直径三七キロの礁湖をめぐって、四十余の小島がほぼ円形状に浮かんでいる。

この環礁のなかで、いちばん大きな島がエニウエトク島であるところから、別名エニウエトク環礁とも呼ばれていた。

元来、この環礁は日本の委任統治領であったが、戦後は米国の信託統治領となり、原水爆の実験場となったことで有名だ。

日本軍はブラウン環礁の中でも比較的大きなメリレン、エニウエトク、エンチャビの三島に守備隊を配備していた。

兵力は関東軍から抽出された西田祥実少将麾下の海上機動第一旅団の主力二七六三名と海軍の第六一警備隊分遣隊の四九名、第九五二航空部隊の一五〇名、それに非戦闘員の軍属が四七名、測量隊五〇名、建設要員三〇一名、荷役を請け負う山九運輸会社の人夫二〇〇名など総計三五六〇名が上陸していた。

これを三島に分割配備すれば、それぞれの島の防衛戦力は、いきおい脆弱なものにならざるをえない。とはいえ、これら三島は環礁のうちでも無視することのできない主要な島である。

メリレン島とエニウエトク島は、環礁東側に連なり、ともに南北に細長い、うなぎのような形をした島だが、礁湖内に通ずる二つの水道の入口に位置しているため、重要な防衛拠点となっていた。

西田旅団長は、メリレン島に旅団司令部をおいて守備隊の主力一四七六名を配備、

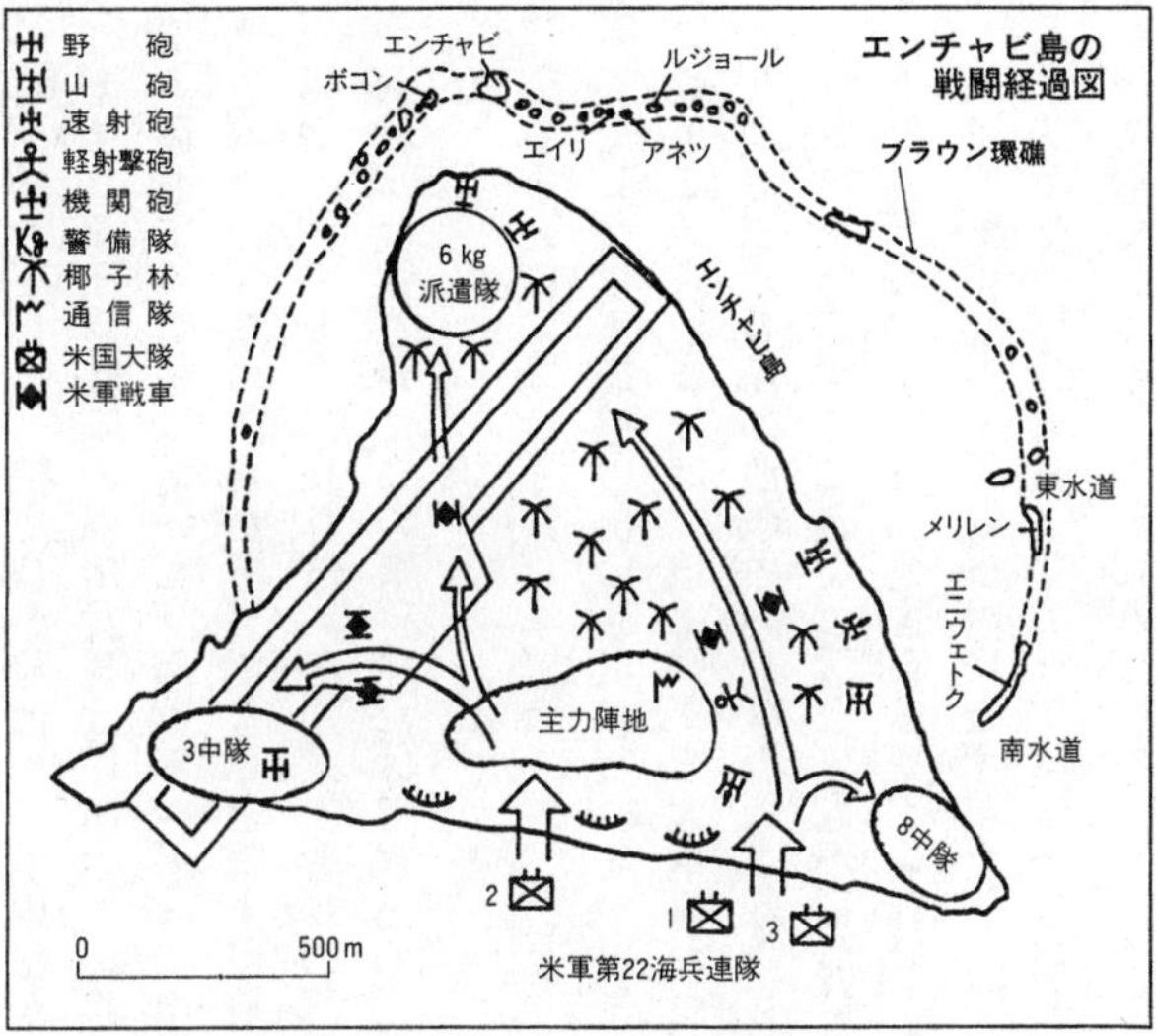

エニウエトクには八〇八名の兵力を配した。

もう一つの島は、環礁の最北端に位置するエンチャビ島で、一辺一二〇〇メートルのほぼ正三角形の島である。ここには環礁唯一の飛行場があった。

この航空基地は常駐兵力がなく、マーシャルと西方の日本軍基地とを結ぶ、たんなる中継基地として使用され、航空隊要員約三〇〇名分の宿泊設備が準備されてあった。

エンチャビ島の守備兵力は、第一大隊第三中隊と、第三大隊第八中隊の二個中隊、計七一六名を主力とする総計一二七六名が派遣されていた。

エンチャビ島に、海上機動旅団の二個中隊が上陸したのは十九年一月八日である。このとき旅団砲兵隊の森川兵長は、四一式山砲とともにこの島の砂を踏んだ。

上陸してみて彼は驚いた。島は真っ平らで中央部に椰子の疎林があるだけ。丘もなく谷もなく、敵の襲撃があっても身を隠す窪地もない。

幅六〇メートル、長さ一二〇〇メートルの滑走路が島の端から端までたっぷり走っており、設営されたこの飛行場だけで、島の三分の一の面積を占めているといった小島だ。

「えらいとこに揚げられたなア」

森川兵長は珊瑚礁の白い砂浜に突っ立ったまま茫然としてつぶやいた。

つい二ヵ月前までは、地平線まで大草原がつづく満州の大地で訓練をしてきた彼らにとって、この島は池の中の飛び石のようなものだった。しろうと目にも、地上兵力だけで島を防衛することなど、とても不可能に思われる。

「小隊長どの、もちろん連合艦隊や、飛行機がきてくれるんでしょうね？」

彼は心配になって多崎少尉にたずねた。

「たぶんな。しかし満州くんだりから俺たちを引っ張り出したところをみると、海軍は当てにできんかもしれんぞ」

「どうしてですか？」

「南洋の島はもともと海軍の守備範囲だ。それを陸軍にゆだねるというのはなア……」

少尉はうさんくさそうにいう。森川兵長は、島の周辺に軍艦の姿もなく、滑走路には一機も友軍機がいないのを見て、なにやらうそ寒い思いがした。

すでにマキン、タラワが玉砕したという噂は聞いている。その島がどこにあるのか知らないが、マーシャルの近くらしいということだ。それにしても戦雲急を告げるにしては、この島はあまりにおだやかだ。

皇軍が全滅するなど、彼には信じられないことだった。よほど兵力が少なかったのだろう。しかし、ここはちがう。マキン、タラワの二の舞を防ぐためにも、大本営は十分に作戦を立てたうえでわれわれを派遣したにちがいない。組織的な戦力を備えた兵力がきた以上、そう簡単にぬかれはしまい。彼は、日本軍の不滅を信じていた。だがその信念も、島の状況を見ていささか揺れ動いた。

メリレン島の旅団司令部からは、米軍の主攻撃が礁瑚内から指向される公算ありとして陣地構成を礁瑚内に向けて準備するよう指示を下してきた。

多崎小隊は、島の南端に近い三角地域に砲座を作ることにした。ここからなら、敵が礁瑚内はもちろん、外海からきてもただちに即応して反撃することができる。兵たちは円匙《えんぴ》をふるって陣地の構築にとりかかった。

クエゼリンの玉砕が伝えられた

多崎少尉の砲兵小隊は、山砲を据えるために深さ一メートルの円形状の砲座を、予備を含めて三個掘った。各砲座の間隔は約五〇メートル、そのあいだを、いざというとき迅速に砲が移動できるように通路を掘っておかなければならない。

サンゴの岩礁を打ち砕きながらの陣地構築は、遅々としてはかどらなかった。そうした中で、一月三十日、突然、エンチャビ島に友軍の陸攻十数機がテニアンから到着した。守備兵の顔に安堵の色が浮かんだ。どんな機種であれ友軍機がいることは心強いものだ。彼らは手放しで喜んだ。

ところがこの日の早朝、クエゼリン、マロエラップ、ウオッゼ、ミリなど、マーシャルの最前線基地に対して、米機動部隊が航空攻撃をかけていたのだ。

エンチャビに到着した友軍機は、これらの空襲に対し、索敵攻撃にあたるとともに、敵のブラウン来襲に備えるためのものだった。

こうした情報は守備兵には知らされていない。彼らは防衛戦力が逐次強化されてきたものと考えていた。だが、彼らの安堵感は、翌日無惨にもたたきつぶされた。

一月三十一日、午前四時。ようやく空が白みかけてきたとき、いきなり米軍の戦爆連合約一二〇機がブラウン環礁に襲いかかってきたのである。

エンチャビ島はたちまち爆煙におおわれ、火柱が上がる。飛行場に待機していた陸攻は一機残らず粉砕され炎上した。かろうじて空中避退した四機はそのまま行方不明となる。

地上では、せっかく構築した陣地がつぎつぎに破壊されていった。

森川兵長は、空襲がこれほど恐ろしいものとは思ってもいなかった。一〇〇機以上の敵機が、一団となって襲いかかってくる空襲は彼の認識外であった。

「無茶苦茶な空襲だ」

彼は、米軍のすさまじい大量集中攻撃の戦法に唖然とした。ひっきりなしに舞い降りる急降下爆撃、つづいて超低空で突入してくる戦闘機の機銃掃射。兵長はタコツボに入ったまま動きがとれなかった。

空襲はこの日だけではなかった。翌二月一日から連日、五日まで、米機はエンチャビの上空をわがもの顔に飛び回り、銃爆撃を浴びせつづけた。これを迎え撃つ友軍機もなければ、対空火器もない。一方的な敵の空襲に、島は無力そのものだった。その中を噂が流れた。

「米軍はクエゼリンに上陸したらしいぞ。この空襲は上陸支援のためらしい」というのだ。

「それにしても、しつこいじゃないか。わが軍なら、一、二回の支援爆撃でやめちゃうがなあ」

「そこがヤンキーさ。搭乗員の腕が悪いから何回もくり返すんだ」

強がりをいう兵の顔にも、恐怖の色がありありと浮かんでいる。森川兵長は、この戦いは負けではないか、とひそかに考えた。

米機が去ったあと、島は惨憺たる様相を呈していた。約五〇〇名にのぼる将兵が死傷して、兵力はほぼ半減してしまった。それも爆弾や機銃によるものは少なく、倒木や構造物の倒壊などの間接的な原因によるものが多かった。

「復旧作業、急げ、陣地の手直しだ」

多崎少尉は、率先してスコップを握ると陣地の修復をはじめた。幹候《かんこう》あがりの少尉は責任感が強く、気合いが入っている。兵隊から将校になった人なので、部下の信頼がことさら厚かった。そこへ、本部へ命令受領にいった大場軍曹が、太陽に焼かれた白い熱砂を蹴上げながらもどってきた。

「大変だ、クエゼリンが玉砕したぞ」

作業についていた兵がいっせいに軍曹の顔を見上げた。

「阿蘇大隊長が最後の突撃をしたらしい。通信がいっとった」

阿蘇大佐は、海上旅団の第二大隊長だ。クエゼリンには第二大隊と、第三大隊第七中隊が派遣されている。

「では、七中隊も……」

「うむ、同じ運命だろう、みんな死んだ」

信じられないことだった。同じ釜の飯を食った戦友の顔がつぎつぎに浮かんだ。派遣隊は彼らの分身である。その分身がすでに散華したことを彼らは急には納得できなかった。

残るはわずか五〇〇人

米軍機の空襲は、クエゼリンが陥ちた二月五日を境にしてぴたりとやんだ。森川兵長は、そのことがかえって無気味だった。

「くるぞ、敵はかならずくる」

多崎少尉は確信に満ちた顔でいう。動物的な嗅覚とでもいおうか、兵もそのことは本能的に予感していた。

そのころ米軍は、クエゼリン攻略の予備隊として準備していたトーマス・E・ワトソン准将の率いる海兵第四師団第二二連隊と、第二七歩兵師団第一〇六連隊の八〇〇〇名を使用しなかったので、この二個連隊をブラウン攻略にふりむけることにしていた。

米軍はクエゼリンを攻略したとき、日本海軍が作成したブラウンの海図を押収しておおいに喜んだ。それまで彼らは、ブラウン環礁については皆目わからなかったのである。水路資料を手に入れた米軍は、攻略準備を円滑にすすめることができた。

二月十六日、米軍攻略部隊はクエゼリンを出撃した。輸送船九隻に分乗した二個連隊のほかに、舟艇搭載船には戦車を、輸送駆逐艦二隻には偵察部隊を乗せていた。このほか戦車揚陸艦九隻、歩兵揚陸艇二隻、哨戒艇二隻も加えられた。

攻略部隊の支援艦隊として、戦艦三隻、巡洋艦三隻、駆逐艦一五隻、さらにサミエル・P・ギンダー少将の指揮する「サラトガ」「プリンストン」「ラングレー」を基幹とする空母部隊が参加した。

強大な戦力を準備した米軍は、日本軍を一蹴すべく二月十八日、ブラウン環礁の北方に集結、攻撃を開始した。

その日の午前四時、米軍は日本軍の妨害を受けることなく南水道と東水道の掃海をおこない、つづいて艦艇と船団が南水道を通って礁湖内へと進入した。その間、艦上機はメリレン、エニウエトク、エンチャビの三島を上空から襲撃する。

ふたたびはじまった空襲を見て、森川兵長はいつもの空襲とは様子がちがうことに気がついた。四〇機ほどの敵機が、常時上空を飛び回っていて切れ目がない。

連絡兵が走ろうものなら、鷹のように舞い降りては銃撃する。日本兵の姿を見つけしだい、敵機はわれがちに突っこんでくるのだ。

「近くに空母がいるようだな。上陸してくる前兆だよ」

多崎少尉は冷静に観察していった。

椰子林の中に、偽装した砲とともに避退しているので、多崎小隊は全員健在だったが、海岸線の三中隊、八中隊の主力陣地は、完膚なきまでに爆撃で破壊され、死傷者が続出している模様だった。

午前九時三十分ごろ、ついに米軍の艦船がエンチャビの内海正面一万メートルに姿を現わした。だが上陸してくる気配がない。

「いまのうちに腹ごしらえをしておけ」

多崎少尉の命令で、森川兵長は乾麺麭《かんぱん》を出してかじったがあまり食欲はなかった。

このとき米軍の偵察隊は、環礁の無人島、ルジョール、アネツ、エイリの各島に上陸し、夕方までに山砲と一〇センチ榴弾砲を各一二門ずつ揚陸したのであった。さらに米軍は、エンチャビの西方二キロにあるボコン島にも上陸、両翼からエンチャビの日本軍に砲口を向けたのである。

日中は空から制圧を受けていた守備隊は、夜になるとこんどは艦砲と、左右の島に上陸した砲兵隊の砲火を浴びる番となった。敵の一〇センチ榴弾砲の弾着は正確だった。

それに反して艦砲のほうは弾道が水平すぎて島を通り越し、外海にどぼんどぼんと巨大な水柱を上げていた。島が小さく、そのうえ平坦なので、照準しにくいのだ。

「まぬけな艦砲だ、ざまあみろい」

守備兵はせせら笑いながら、この隙に外海側に配備していた山砲などを内海側に移動させ、陣地の補修、増強を実施した。だがこの日の空爆と砲撃によって、守備隊はさらに二〇〇名の将兵を失った。このため在島守備兵力は、わずか五〇〇名弱に激減したのである。

眼前に迫るシャーマン戦車

翌二月十九日、夜中から激しいスコールが降りつづいたが、夜明けとともに雨はやんだ。それと同時に米軍の一斉砲撃がはじまり、つづいて航空攻撃に変わった。その間に上陸用舟艦が白波を蹴立てて島に殺到するのが見えた。ひとしきり激しい銃爆撃で島がおおわれた直後、米海兵隊は内海側の海岸にぞくぞくと上陸してきた。

昭和19年２月19日、エンチャビ島の海岸に殺到する米上陸用舟艇。防備の手薄な守備隊は、上陸当日に戦力の大半を失った。

エンチャビの守備隊には野砲二、山砲三、速射砲一、機関砲一、軽迫撃砲一の火砲があった。しかし、たび重なる空爆と砲撃で、その大部分が破壊されていた。

上陸してきた米軍は、海兵第二二連隊の総勢三五〇〇名である。これに対して守備隊は五〇〇名の兵と数門の砲、それに五、六筒の擲弾筒で立ち向かうしかない。

「きたぞ、砲、前へ」

多崎少尉は、南海岸でいまなお健在な一門の山砲隊に号令した。兵たちは、椰子林から砲を押し出すと砲座に据えた。米兵がひしめく海岸まであと四〇〇メートルしかない。近すぎる。分隊長の森川兵長は、五番砲手に架尾《かび》を上げるよう指示した。やや附角をとって、海岸線の手前に照準する。

「撃てッ！」

腹に響く発射音とともに、口径七五ミリ、弾重量五・七キロの瞬発弾が敵の橋頭堡に炸裂した。あわてて四散する米兵の姿を横目で見ながら、ずり退がった砲を前面へ押し上げる。二番砲手が砲尾を開き、一番砲手が弾をこめる。すかさず四番砲手が眼鏡にとりついて照準する。三番が発射の号令を待つ。

「照準急げ！」

兵長は気が気でなかった。敵正面の守備隊主力は、健気にも擲弾筒と軽機で応戦していた。たった一門の迫撃砲も、主力後方から連続砲撃している。

多崎隊の山砲は、砲口を少しずつ右へ振りながら敵陣に砲弾をたたきこむ。そのうち機銃弾が集中して飛んでくるようになった。火点を敵に発見されたのだ。

「移動！」

少尉の号令とともに、兵は匍匐《ほふく》しながら砲を引っ張り、後方の砲座に移動する。その間に一人、二人と倒れてゆく。頭上は弾幕が掃くように流れていた。ちょっとでも頭を上げると即死だ。倒れる戦友をかまってはおれなかった。彼らは目をむき、頬をけいれんさせながら、必死に砲を移動した。

ようやく砲撃準備がととのったとき、海岸線の米軍は島の中央部に向かって前進していた。砲を移動しているうちに、主力陣地は突破されたのだ。

「どうしますか、少隊長どの」

森川兵長は怒鳴るように少尉に聞いた。

「いかん、孤立したようだな」

砲のまわりには、小隊長をはじめ一二名しかいない。すでに五名が戦死していた。耳をすますと、はや銃声は飛行場の西方に移っていた。少尉は、短くいった。

「早いな、もうおしまいだ」

米軍が上陸して一時間たっていた。たった一時間のうちに守備隊は全滅したというのだろうか？　兵長は愕然とした。

「分隊長、戦車がきます」

ひきつった声で兵が叫んだ。みるとシャーマン中戦車が一両、三〇〇メートル前方からゆっくりとこちらに向かってくる。

「砲撃用意！」

すかさず森川兵長は叫んだ。戦車のキャタピラを狙うように指示する。砲はゼロ照準。

「まだだ、一五〇まで引きよせろ」

少尉は叫んだ。じりじりと近づいてくる戦車は、まだこちらに気がついていない。少しずつ右へ転換しながら進んでくる。戦車は横腹を見せ出した。絶好の射撃位置だ。距離は一五〇メートルになった。

「撃て！」

轟然と放った一弾は、みごとに戦車の転輪部に命中した。吹き上がる爆煙。だが戦車は動いている。無傷だ。

「しまった！　瞬発だ、徹甲弾はないか」

森川兵長はあわてて叫んだ。

「ありません、みな榴弾ですッ」

運弾兵《うんだんへい》が悲愴な声をあげた。榴弾では戦車を撃ちぬくことはできない。といって撃たずにはおれない。兵長はそのまま榴弾をこめて連続砲撃した。戦車の覗き窓を潰すか、火災を起こさせるしか方法はない。

しかし、いくら撃っても卵をぶつけているようなものだった。戦車の機銃が猛然と火を噴いた。砲側の兵がばたばたと倒れた。つづいて戦車砲の砲口が真っ正面に向く。

「退却！」

少尉が大声で叫んだ。そのとき突然、山砲の前面で爆発が起こった。

戦車砲の命中だ。網膜に焼け焦げるような熱さを感じたとたん、森川兵長はその場に昏倒した。

捕虜になった少尉の無惨な死

ふっと気がついたとき、森川兵長は自分がどこにいるのか見当がつかなかった。目の前が真っ暗だった。起きようとして体全体が重いのを感じた。砂が首筋を流れる。

『生き埋めになったのだ』

彼は気がつくと、両手をふんばって体を起こそうとした。なぜか右腕に力が入らない。

砂をはねのけて起き上がった兵長は、目の前に累々と横たわる戦友を見た。首に弾片が突き刺さっている者、頭部を砕かれた者、はらわたを出した者、顔面がつぶれて血だらけになってあお向いている者など、だれ一人として満足な姿で倒れている者はいない。

彼は這いずりながら戦友の一人一人をゆすった。声を出す者はだれもいない。砲の架尾後方に、半身を砂に埋めた少尉の姿が目に入った。彼は砂を掘り起こして少尉を引きずり出した。戦闘帽は吹っ飛び、頭から血が流れている。呼吸があった。生きている。

「小隊長どの、目を開けてください！」

兵長は少尉をゆさぶりながら叫んだ。うれしかった。生存者が少尉だったことがさらに心強い。ふっと目を開けた少尉のうつろな瞳をのぞきこみながら森川兵長は涙ぐんだ。

少尉は重傷だった。頭部の傷は擦過傷だが左脇腹が貫通銃創で、右膝が砲弾の破片で砕かれていた。傷は大きいが致命傷ではない。気がついてみると、森川兵長も重傷を負っていた。右肩と右足首が砕かれているのだ。昏倒したのは強烈な爆風のためらしい。

「おたがい、この傷ではなにもできんなあ」

少尉はうめくようにいった。空をあおぐと、太陽はやや西に傾いている。午後三時ごろだろうと兵長は思った。ずいぶん長い時間、意識を失っていたことになる。

多崎少尉の説明によると、敵戦車は砲弾を三発うちこみ、砲座を破壊したのを確かめると椰子林の奥へ去っていったという。

「完敗だ、二人生き残ったのは奇跡だよ」

と少尉はいった。傷の苦痛に顔をゆがめながら兵長はうったえるようにいう。

「自決しましょう、もうダメです」

「自決？　どうやって？」

少尉はうっすらと笑った。砲兵隊には、手榴弾もなければ銃剣もない。砲を失えば裸同然である。武器はなにもないのだ。

「私が自決を口走ったのは、このままでは捕虜になると思ったからです。ところが少尉どのは、俺たちは武器を持って戦うことはできない。だからといって死ぬ必要はない、まだ戦う方法が残っている、というのです。少尉どのは、みずから捕虜になろうといわれたのです。捕虜になって、でたらめの情報を米軍に吹聴して、敵の戦線を混乱させようとの意図だったのです。私も、賛成しましたよ。

その場にすわりこんで、米兵がくるのを待っていました。間もなく一個分隊の米兵に収容され、私たちは担架で運ばれました。

米軍の尋問は主としてメリレン島とエニウエトク島の戦備状況でした。少尉どのは口から出まかせにしゃべったようです。ところが米軍は、守備隊本部でわが軍の重要書類を押収していて、すべて知っていたんですよ。このため両島は難なく占領されてしまいました。

少尉どのですか？　自決されました。虚偽の情報に対して米軍はなにもいいませんでしたが、少尉どのはひどく恥じて、フォークで心臓をえぐってねえ、ひどい死に方でした。捕虜ですか？　全部で一六人です。それだけが島の生き残りでした。米軍の戦死はたったの八五人だったというのにねえ……」

●玉砕の島⑦——ロスネグロス島

アドミラルティに迎え撃つ精強部隊

昭和十九年に入ると日本軍は全戦線にわたって守勢に立たされていた。とくにマッカーサーのフィリピン反攻の執念は激しく、南方からの攻撃に意欲をたぎらせ、ラバウルをうかがうニューブリテン島に上陸、つづいてアドミラルティ諸島にクサビを打ちこんできた。どんな艦艇でも収容できるアドミラルティの泊地を手中にすれば、フィリピンの喉元に短剣を擬することになる。そしてラバウルも風前の灯となるはずだ……。
●米軍進攻日＝昭和十九年二月二十九日　●米軍兵力＝四万五一一〇名
●日本軍兵力＝三七五五名　●玉砕日＝昭和十九年五月六日
●生存者＝七七名

水際殲滅作戦

佐伯上等兵は、海岸線をジャングル状に埋めているサゴ椰子の樹林から、目前のハイン湾に侵入してくる一二、三隻の米軍の上陸用舟艇をじっと見守っていた。アドミラルティ諸島のロスネグロス島に進攻してきた米軍の上陸第一波である。

「一隻、二〇名として、約二五〇の敵か。一個中隊分だな……」

彼のそばで、浜上軍曹がつぶやいた。目元がほころんでいるように見える。これから生死を賭けた戦闘が展開されるだろうことなど眼中にない表情だ。

さすがはソロモンで、敵弾をくぐってきた軍曹だけのことはある、と佐伯は内心驚嘆した。彼は二九歳で召集兵だった。いわば補充兵である。十八年十月にラバウルに送られ、第二二九連隊に編入されたばかりだった。

彼の連隊はホンコン攻略戦、蘭印攻略戦を経て中部ソロモンのニュージョージア防衛作戦に参加し、十八年九月末にラバウルに撤退してきた歴戦の連隊である。とりわけニュージョージアのムンダでは、飛行場の攻防をめぐって、米軍を二〇日間も海岸に釘づけにしたことがあった。米軍指揮官のヘスター少将はノイローゼとなり、三万四〇〇〇の米軍は、一〇分の一の日本軍を攻めあぐんで戦意を喪失したほど、この連隊は勇猛果敢に戦った。

しかし歴戦の勇猛部隊とはいえ、いま湾岸を守備しているのは一個中隊だけである。中隊とはいえ兵力は約七〇名しかいない。水際での待ちぶせという有利さはあるが、ジャングル戦や近接戦に絶対有利な自動小銃で武装した米兵を撃退するには、とうてい無理な戦力だ。佐伯上等兵は、友軍の劣勢がつくづくうらめしかった。

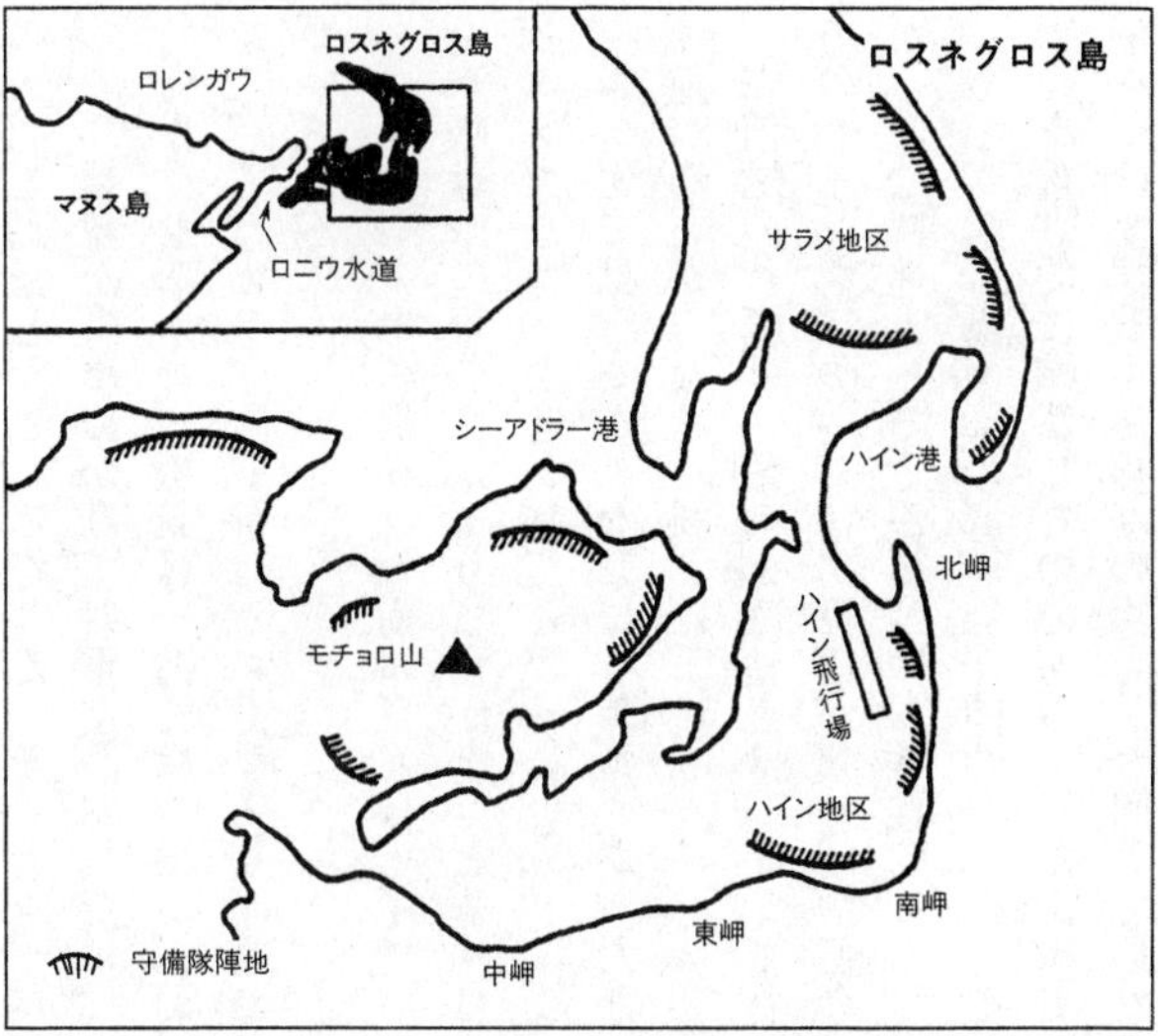

四週間前の十九年二月二日、佐伯上等兵は約三〇〇名の友軍とともに、ラバウルから、ビスマルク海に浮かぶロスネグロス島に上陸した。

派遣されたのは第二二九連隊の第一大隊で主力約五三〇名であったが、上陸時の波浪が高く、兵器や器材は破損亡失するし、そのうえ敵機の来襲が心配されて、一部兵員の揚陸だけで輸送駆逐艦は引き返していった。

その後、潜水艦で大隊砲二門と機関銃中隊の一個小隊が到着したが、後続の兵員はついにこず、結局、第一大隊の兵力は三四三名というミニ大隊になってしまった。

米軍の第一波舟艇群はちょうど湾

の入口を通過したところだった。そのとき、南側からせり出した北岬から、海軍の二〇ミリ機銃が舟艇めがけて射撃を開始した。

だが悲しいかな、機銃は一門だけである。おまけに狙いが不正確で海面に水しぶきを上げるばかり。舟艇群は意に介する様子もなく南方に旋回しながらぐんぐん岸に近づいてくる。

「なんだい、あの機銃は、海軍さんは下手でいかんなあ」と、軍曹は舌打ちした。

「水際殲滅の可能性はありますか?」と佐伯は小声で軍曹に聞いた。

「ダメだなッ」と吐き捨てるようにいう。

「ムンダでは、まがりなりにも陣地があったから、あれだけ抵抗できたが、ここには陣地がないからなあ。誤算だよ」

守備隊の首脳は、敵の上陸地点はハイン飛行場付近と考えていた。しかし飛行場北方のハイン湾については、湾口が狭く、両側の岬からの妨害が容易なため、敵が最初からここに進入してくることは、常識的にみてまずなかろうと判断していた。

むしろ飛行場南部の海岸線が問題だった。そこで防御陣地は南岬を中心にした海岸正面を重点的に構築したのである。したがって、ハイン湾一帯の防御は、はじめから手をつけず、監視隊程度の兵力しか回していなかったのである。

湾を南下する第一波につづいて、第二波の舟艇群が沖合に姿を見せた。

「ちくしょう、裏をかかれましたね」

「まるで戦争にならんな。こっちのほうが水際殲滅を食らうぞ」

「玉砕……ですか」と思わず佐伯上等兵は頬をひきつらせた。

「そう牙をむくな。死に急ぐことはないよ。ここは一丁、三十六計というところだな」

岬での機銃射撃は、火点を知らせるようなものだった。ただちに米軍の駆逐艦からお返しがきた。正確な艦砲射撃で、たちまち機銃座は沈黙する。

それだけではすまなかった。敵は水際の椰子林をなめるように撃ちこんできた。中隊長はただちに撤退命令を下した。椰子林に潜んでいた七〇名の日本兵は、一目散に飛行場の南方に後退したのである。

戦局を決定づけた重大な手ぬかり

アドミラルティに日本軍が布陣することは開戦そもそもから作戦計画にはなかったことである。その必要性が出てきたのは、昭和十八年二月、ソロモン諸島のガダルカナル島から日本軍が撤退したことにはじまる。

ガ島を失うことは、単に進攻第一線の地域を失うといった生やさしいものではない。ガ島から北方に連なるソロモンの各島が危機にさらされるし、このため、ラバウルの海軍航空隊は全力をあげてソロモン防衛に打ちこまざるをえない。ソロモンの防衛に力をそそげば、当然のことながらニューギニア東部方面に進攻している日本軍との連携はお留守になり、戦線に重大な穴があく。

こうした戦局の進展にともない、ニューギニアとニューブリテン島間の作戦的連携をどこかで強化しなければならなかった。

この目的で選ばれたのが、アドミラルティ諸島のマヌス島とロスネグロス島の二島であった。ここに飛行場を設定して、第二のラバウルを建設する方針が急遽立てられたのである。

昭和十八年四月八日、江崎義雄大佐を指揮官とする輜重兵第五一連隊、約八五〇名がアドミラルティに派遣された。ただちに飛行場の建設がはじめられたが、肝心の守備兵力がこない。戦局の急転にともなって、ここまで兵力を回すことができなかった。これは重大な手ぬかりだった。やがて飛行場はマヌス島のロレンガウと、ロスネグロス島のハイン地区の二ヵ所に完成した。ロレンガウには、十八年十二月初旬になってから第八八警備隊約六八〇名と、第三六防空隊約三〇〇名、その他を合わせて一一四

○名の海軍部隊が守備についた。

一方、ハイン飛行場には十九年一月下旬、カビエンで編制された独立混成第一連隊第二大隊の七六三名がようやく送りこまれ、つづいて小部隊と化した第二二九連隊第一大隊が参加、その他、各部兵員を加えた陸軍部隊は二六一五名、陸海軍を合わせた日本軍守備隊の総人員は三七五五名となった。

ひとまず守備隊の形がととのったとはいえ、兵力派遣の遅れはそのまま守備陣地構築の遅延を意味する。そのうえ、ソロモン航空消耗戦がわざわいして飛行機を供給することができず、戦略的にも有用なこの飛行場も、宝の持ちぐされとなってしまった。

アドミラルティの基地は、米軍にとっては価値の高いものだった。ここを占領することは、ラバウルを孤立化することができるうえに、広大なシーアドラー港は、連合軍の反攻の足場として絶好の拠点となる。米軍はここを完全な修理施設を持った大艦隊基地、大海軍補給地として開発する計画を立てていた。さらにフィリピン反攻を悲願とするマッカーサーも、アドミラルティ攻略に大きな情熱を燃やしていた。

一月下旬、この攻略計画に関して、マッカーサー、ニミッツ、ハルゼーの各司令部の代表者が真珠湾に会同し、広範な検討を実施していた。そして二月十三日、マッカーサー司令部は、第六軍に対してアドミラルティ攻略の指令を発したのである。

こうして二月二十九日、アドミラルティの陸・海・空を埋めた米軍の攻略部隊は、地上部隊二万六〇〇〇、航空部隊二五〇〇、海軍建設部隊九五〇〇、陸軍勤務部隊七〇〇〇、合計約四万五〇〇〇の大軍団であった。

暗夜の椰子林を前進する馬場大隊

ロスネグロス島での守備態勢は、大別して三地区に分かれていた。主力の輜重兵第五一連隊は、島中央部のモチョロ山東方に布陣、シーアドラー港からの敵侵入に備えていた。

ついで岩上泰一郎少佐指揮の独立混成第一連隊第二大隊は、ハイン港北部のサラメ地区を防衛していた。この部隊は幹部全員が予備役の召集者で支那事変の経験者だったが、兵は満州から除隊後、一年以内に再召集されたものばかりで実戦経験はなかった。

その点、馬場常男大尉の率いる第二二九連隊第一大隊のミニ大隊は、ほとんど全員が開戦以来の古強者だ。このさいミニ大隊とはいえ歴戦の馬場大隊に頼るところが大きかった。それだけに、敵の上陸正面と目されるハイン地区が割り当てられたのである。

佐伯上等兵の眼前に現われた米軍は、馬場大隊の背後を巧妙に衝いた上陸だった。予期せぬことだけに、大隊は切歯扼腕。だがさすがに歴戦部隊である。整然と、しかも敏速に態勢を転換すると、全大隊が飛行場南側に撤退した第四中隊に合同、反撃の夜襲を策するのだった。

幸い、午後になって降りだした雨のために敵機は行動が阻害されていた。それに艦砲射撃を続行していた敵艦隊も、反応のない日本軍にあきれたのか、夕方とともに砲撃を中止した。

この間に、馬場大隊は準備を完了。深夜十二時を期し、強襲をもってハイン桟橋付近の敵陣を攻撃すべく、彼らは行動を起こしていた。夜襲隊形は、第二中隊と機関銃中隊が左第一線、第四中隊が右第一線、大隊本部が中央を前進するというものだった。

暗夜の椰子林の中を、大隊は忍者のように音をひそめて匍匐前進した。二メートル前が見えない暗闇である。兵は背中に、後続者への目印として夜光苔をなすりつけて前進した。

「佐伯上等兵、おまえは実戦が初めてだな。俺から離れるなよ。離れたら死ぬぞ」

浜上軍曹がそっと耳打ちした。何度も死線をくぐると人間ができてくるのだろうか。平時の軍隊では見られない人間的な連携が、戦場の下士官や兵の中にあった。佐伯上等兵はかすれ声で小さく返事すると、軍曹の背後にぴたりとついた。

左手に、かすかに飛行場南端の平坦地が見えてきた。もう敵陣直前のはずだ、と思う間もなく、突然、機関銃中隊が左翼から一斉射撃を開始した。

「いくぞ、ついてこい」

軍曹の声に、後続の兵は中腰になってダッシュをかけた。とたんに、

「伏せろ」

先頭の軍曹がわめいた。兵はその場に腹這いになった。敵陣からすさまじい速射が起こった。頭上を無数のピンクの糸を引いて敵弾が流れてきた。曳光弾だ。しかも撃ってくる全弾が発光している。すさまじい自動火器の弾幕である。まるで、横なぐりの火のシャワーだ。

「いかん、低鉄条網だ、ちくしょう。いつの間に張りやがったんだ」

いまいましげに軍曹が叫んだ。見ると、約三〇センチの高さで鉄条網が地面を千鳥《ちどり》状におおっていた。

「迂回する。頭を上げずに退がれ」

米軍陣地は予想以上に西方に延びており、しかも深い縦深配備だった。

椰子林まで後退して軍曹はいった。

「敵は増員してるな。一個大隊以上の兵力だ。ちょっと難物だなあ」

戦場では強引に突撃する兵が見えた。と、すさまじい爆発音が起こる。地雷だ！

敵は鉄条網の前面に地雷を敷設していたのだ。佐伯上等兵は腋の下を、冷たい脂汗が流れるのを感じた。低鉄条網に突っこんだ兵は、たちまち足をとられ、うろうろするあいだに敵弾に倒れてゆく。

地雷原を突破し、鉄条網を乗り越え、弾雨をくぐって敵陣の前に殺到した兵は、突然、正面から浴びせられる火炎放射器の炎の中で無残な叫びを上げた。

砲火の明かりで戦場を見きわめていた浜上軍曹は、椰子林に避退した部下に前進の合図をすると猛然と匍匐前進した。破《さ》けて通路ができた鉄条網を突破すると、軍曹は火を吐きつづける敵の銃座に手榴弾を投げこんだ。

「いいか佐伯、一〇メートル前方までこのまま進む、貴様は左の銃座を潰せ、俺は前方のをやる」

二人はじりじりと前進し、いっせいに手榴弾を投げた。佐伯の投げた手榴弾はうまく命中しなかった。米兵がするりと壕内に身を伏せるのが見えた。彼は中腰になると、もう一弾、狙いを定めて投げた。命中。だが、

「熱うッ」

彼は左腕に焼き火箸を突き刺されたような激痛を覚えた。生ぬるい血潮が、防暑服を通して激しくあふれてくる。上腕貫通だ。

「軍曹、やられましたッ」

声に浜上軍曹はにじり寄ってくると、すかさず自分の腹巻をほどいて傷口を固くしばる。「後退するぞ、こい」

「しかし、まだ攻撃が……」

「いまが引きどきだ」

短くいうと軍曹はずんずん後退する。

戦場は混乱し、味方の相互連絡は途絶し、攻撃は完全な失敗に終わった。この戦闘で大隊長は戦死し、第二、第四中隊長も帰ってこなかった。生き残ることができたのは、半数の約一七〇名であった。

〝今日も死んだぞ、ずいぶん死んだぞ〟

馬場大隊の夜襲失敗直後、第八方面軍司令部は、守備隊長に対して、全力をもってハイン飛行場の敵を攻撃するように命令してきた。そこで江崎大佐は、三月三日夜十時を期し、守備隊の総力をあげて再度の夜襲を決行することにした。

サラメ地区の岩上大隊は北方から攻撃し、馬場大隊の残存兵力と主力の第五一連隊が南方から飛行場に突入、南北からのはさみ撃ちで米軍を殲滅しようとの作戦である。

「方面軍は無責任だよ。現実の戦闘がどういうものか、認識のないまま命令してくるんだからな。泣く子と方面軍にはかなわねえ」

と浜上軍曹はズケズケいう。

ロスネグロス島の海岸をめざす米上陸部隊。アドミラルティ諸島の攻略目的はラバウルの孤立化と艦隊基地の整備にあった。

東岬に集結した敗残の馬場大隊は、出撃可能な兵員はわずかに一二〇名ほどだった。

「こんどもダメだね。死ににいくようなもんだが、まあ待っておれ、傷を大事にな」

にんまりと軍曹は佐伯上等兵にいう。佐伯は胸がつまった。死ぬことがゲームであるかのような軍曹の表情であった。彼は自分の負傷が情けなかった。生死を越えて軍曹といっしょに戦いたいと思った。

三日夜の総攻撃は、すべてがチグハグだった。まず主力の第五一連隊がモチョロ山地区から転進してくるのに、暗夜とジャングルとスコールによる泥濘のために意外と手間どり、予定の時間までに馬場大隊と合流することができなかった。

結局、攻撃は馬場大隊と岩上大隊だけで実施したのである。すでに戦力を失っている馬場大隊は、米軍陣地の南端を奇襲擾乱するのがやっとだった。

岩上大隊の攻撃はそのあとではじまった。攻撃部隊は手榴弾を投げ、地雷原を突破して前進したが、米軍の戦線をくずすことはできなかった。この戦闘で岩上少佐は戦死し、攻撃部隊は大損害を受け、総攻撃はふたたび失敗に帰したのである。

部隊の連携不備、攻撃体形の不調整、戦術の不統合が自滅へとみちびいたのである。

夜が明けて、ようやく戦場に到着した主力は、すでに反撃の機会を失っていることを知ると、なすところなく反転し、ふたたびモチョロ山地区に引き返していった。

二つの大隊を喪失した守備隊は、もはや守備隊としての機能を失っていた。米軍から見れば、この時点で日本軍は、残敵掃討の対象にしかすぎなかったのである。

東岬の陣地に、蹌踉《そうろう》たる足どりで帰還した馬場大隊の残存者は、出撃時からさらに半減して六〇名たらずとなっていた。その中に浜上軍曹の姿があった。

「よかった、無事を祈っていました」

佐伯上等兵は声をふるわせてむかえた。

「うん、ありがとう、とにかく疲れたよ」

青黒い顔色で、軍曹はげっそりとやつれていた。

「今日も死んだぞ、ずいぶん死んだぞ。どこまで死ねばすむのやら」

歌うようにいうと、軍曹はその場にこんこんと眠りこんだ。

米軍の掃討戦は予想に反して緩慢だった。しかし、守備隊は、確実に追いつめられ、首を絞められていった。東岬から中岬に移動した馬場大隊の残存兵員は、さらに西進して西岬付近まで後退していった。

三月二十五日、モチョロ山方面の主要部は米軍に占領され、主力は糧食・弾薬の欠乏、傷病兵の増加、損害と疲労など、あらゆる悪条件に苦しめられていた。江崎大佐は、ついにモチョロ山地区の放棄を決意、となりのマヌス島に転進して後図《こうと》をはかることにしたのである。

つき果てて密林の土と化す

モチョロ山地区を撤退した第五一連隊は、二十六日の朝、ロスネグロス島とマヌス島を分離しているロニウ水道に進出した。この水道は幅三〇〇メートル、深さ四メートルの狭隘《きょうあい》な海峡である。流速は激しく、横断渡航は困難である。

江崎大佐は、馬場大隊の残存兵力に、主力の渡航を援護するように命じた。負傷兵をのぞけば、馬場大隊で無傷の兵員は五〇名ほどである。ちょうど腕の負傷が回復してきた佐伯上等兵は、陣地構築の兵員として大隊にとどまった。重傷者はすでに中岬で処分されていた。自決である。彼らは付近の高地を選んで散兵壕を掘りはじめた。そのとき、いきなり南島方向の海上から米駆逐艦が一隻現われた。

「敵カーン、戦闘配置につけーッ」

号令が終わらぬうちに、空気を引き裂く震動音とともに砲弾が飛んできた。未構築の陣地至近に落下炸裂した砲弾は、近くの兵を一瞬のうちに吹き飛ばし、砕いた。ゼロ照準の砲口が、ありありとこちらを向いて連続発砲する。兵は身動きできなかった。掘りかけた窪地に頭を突っこみ、一センチでも体を地面に埋めようとへばりつく。

この間に主力は高地の反対側に避退した。身動きできぬ馬場大隊は、敵艦の前面に文字どおり身を挺して目標となった。佐伯上等兵は、高地を這いずり回って浜上軍曹をさがした。彼のそばにいたかったのである。ようやく窪地に折り重なるように倒れている死体のあいだで、軍曹が血にまみれて倒れているのを発見した。

「おう佐伯、俺はようやく死ねそうだよ」

笑みを浮かべようとして唇がひきつる。軍曹の下半身は、無残にもつぶれていた。足首から先が吹っ飛んでない。

「軍曹どの、しっかりしてください、死なんでください」

佐伯の声に軍曹は目でうなずいた。そのとき、砲弾がたてつづけに至近で炸裂した。ドッとかぶさる土砂の中で、佐伯上等兵は頭に強いショックを受けて昏倒した。

「話はここまでなんですよ。私は土砂に半身を埋めたまま、二、三昼夜は昏倒していたのではないかと思うんです。よくわかりませんが、そのままふらふらとジャングルの中に入ったようなんです。意識がないんです。そのうち、だれかに手を引かれて、家の中に入ったのをうっすらと覚えているだけです。ええ、そうなんですね、米軍に収容されていたんですよ。ほら、頭を見てください。大きく禿《は》げていましょう？　重傷でしてね、頭骨にヒビが入っていました。よく助かったもんです」

頭をさすりながらこう語る。いまは後遺症もなく元気だという。浜上軍曹は、西浜の高地で戦死した。死相の浮かんだ軍曹の顔が、いまなお脳裡に強く刻みつけられているという。

三月二十七日になって、守備隊主力は、付近の竹や丸太で急造の筏《いかだ》を作り、これに荷物を積んで、泳いで押しながらマヌス島に渡った。筏が転覆したり、激しい流速に流された行方不明になる兵が続出した。頭上には米軍の偵察機が旋回し、渡航中の主力めがけて、ロングラム方向から米軍が重砲を射撃した。馬場大隊の生き残り二十数名は、高地でなおも援護任務につき、主力の渡航を見届けた後、二十九日夜にいたって対岸に渡った。

マヌス島に上陸できたのは約七六〇名といわれている。しかし島は米軍の支配下にあり、落ち着く先はなかった。食糧はなく、部隊は統一を失い、ジャングルの中で栄養失調と悪疫にさいなまれ、ほとんどが密林の土と化していった。生還したのは七七名だけである。

●玉砕の島⑧――サイパン島

戦車第九連隊、海を渡る

米軍の大攻勢に対して、日本側はどこで米軍をくい止めるかが緊急要件となっていた。そこで確立されたのが絶対国防圏の設定である。国を守りうる最低限の防衛線の中に、サイパン、テニアン、グアムを含むマリアナ諸島が組みこまれた。日本軍は十九年二月からマリアナの防衛に兵力を注ぎこみはじめた。太平洋の防波堤たるべきマリアナに米軍は急速に接近してきた。海空から包囲されたサイパンはついに孤立する。
●米軍進攻日＝昭和十九年六月十五日　●玉砕日＝昭和十九年七月七日
●日本軍兵力＝四万三五八二名　●米軍兵力＝一六万七〇〇〇名
●生存者＝約二三〇〇名

米軍の次の狙いはどこの島か？

昭和十九年二月はじめ、マーシャル諸島のルオット、クエゼリンが玉砕した直後、こんどは同諸島のブラウン環礁で、二月十九日にエンチャビ島（守備隊一二七六名）が玉砕し、つづいて二十二日に、エニウエトク島（守備隊八〇八名）が玉砕、ついで翌二十三日にはメリレン島（守備隊一四七六名）が玉砕するという、玉砕の連鎖反応が起こったのである。

予期せぬ玉砕戦の多発にあわてた大本営は、さすがにルオット、クエゼリンの玉砕だけは公式発表したが、その後の三島の玉砕は国民にあたえる影響が大きいとみて、ついに発表しなかった。

日本の領地にも等しい内南洋諸島のマーシャルが、奪回不能になったことは大きな失点だったが、それよりも大本営は、つぎにくる米軍の進攻目標の島をさぐり当てることに懸命だった。

大本営の高級参謀たちが、地図をながめて論議した結果は、米軍の次期進攻は西カロリン諸島であろうとの結論となった。わけてもパラオとペリリューに来攻する公算がきわめて大きいと判断したのである。

しかし一方、本土に近いマリアナ諸島も決して安全とはいえない。サイパン、テニアン、グアムが敵手に落ちたら、米軍の長距離爆撃機はマリアナを足場として日本本土を空襲するだろう。これは容易ならぬことである。そこで大本営は、急遽、マリアナと西カロリンを強化するべく、兵力を集中的に投入することに決定した。

折りしも二月二十一日、東條英機大将、嶋田繁太郎大将は、ともに陸・海軍大臣の

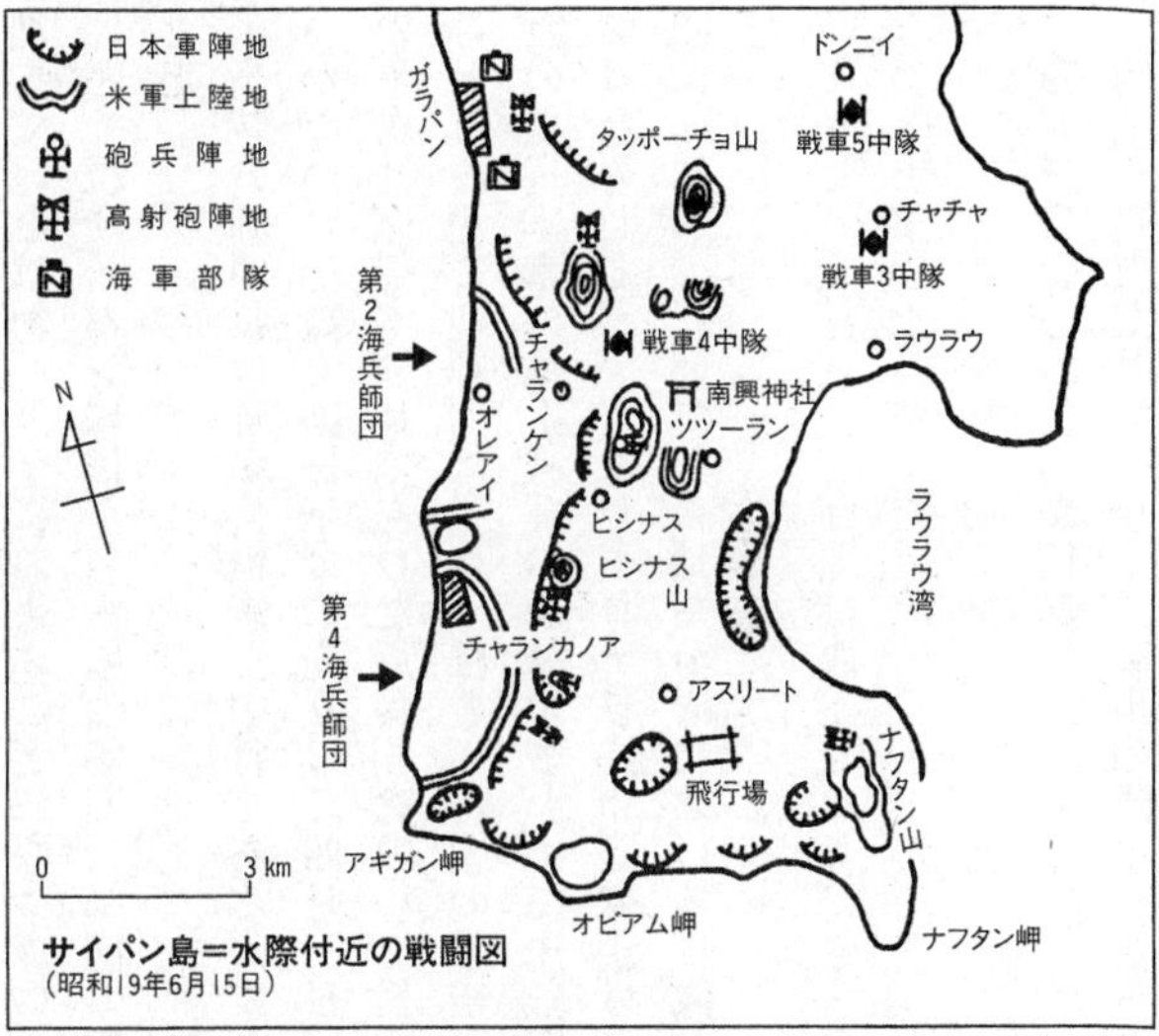

サイパン島＝水際付近の戦闘図
（昭和19年6月15日）

まま参謀総長、軍令部総長に親補されたばかりである。とりわけ東條大将は首相でもある。この作戦は、一人三役の東條大将にとって重大なものとなった。

　そこで、内南洋諸島を統轄する第三一軍の創設が二月二十五日に下令され、軍司令官に小畑英良中将が親補された。第三一軍は、トラック地区集団、マリアナ地区集団、小笠原地区集団、パラオ地区集団、およびマーシャル諸島、クサイ、ウェーク、南鳥島、メレヨンの各守備隊と所要の軍直轄部隊からなり、すでに派遣ずみの兵力二万八〇〇〇に、新たに増加される兵力、約五万三〇〇〇を加えて総計は約八万名におよぶことになっていた。

とくにサイパンには、名古屋の第四三師団（総兵力一万六二〇〇名）を派遣することとした。

当時の師団長は賀陽宮恒憲王中将である。まさか宮様を最前線で戦わせるわけにはいかない。そこで動員下令に先立って四月三日、宮様師団長を転補し、後任には豊橋の軍馬補充部本部長であった斎藤義次中将を当てたのである。

ところがこの師団は、もっぱら名古屋の防空と工業要地の防衛訓練に力をさいていたので、本来の地上戦闘の訓練はきわめて未熟だった。いわば弱兵師団である。これではならじと、いきなりドロナワ式の訓練がはじまった。出発までの約一ヵ月間、師団は死にもの狂いで熱帯地や海洋における部隊の訓練、および島嶼守備の演習に努めたのである。

こうして五月五日、師団は曲がりなりにも〝精鋭〟となり、出陣式を挙行してサイパンへ出撃したのだった。

四万三〇〇〇の兵力を結集

内地の兵力だけではなく、満州の関東軍からも部隊を抽出しては送りこんだ。とくにサイパン防衛の目玉商品ともいうべき戦車部隊は、関東軍に頼らざるをえなかった。

当時、下田四郎伍長は、関東軍の戦車第九連隊に所属していた。二〇歳である。少年戦車兵出身の彼は、昭和十七年三月に満州牡丹江省の東寧郊外にある、団泉子の戦車隊に入隊してまる二年、九七式中戦車の通信兵として訓練を受けていた。

通信兵は戦闘になると機銃員となる。下田伍長は連日の猛特訓で、いまやベテランの戦車乗員となっていた。

この戦車第九連隊に動員令が下ったのは十九年三月のこと。即刻、戦車五個中隊、および整備中隊の合計九九〇名と戦車七三両が列車に搭載され、釜山経由、横須賀へと移動した。ここでサイパン、グアム、トラック、パラオなどに、兵力と資材を送る「東松四号船団」が編制された。輸送船は二六隻、護衛には、駆逐艦「五月雨」を旗艦とする合計一〇隻。ひさびさの大船団である。

四月一日の午前十一時、船団は東京湾を出撃した。おおむね列島線の西側航路をとり、速力八ノットの鈍速で南下する。

下田伍長はサイパン行きの「加古川丸」に乗船していた。まだ行き先は知らないが、南方の激戦地に送りこまれるだろうことは覚悟していた。戦車は、どんな場合でも、歩兵より先に敵の蝟集する堅陣に投入されるものである。まず生死はおぼつかない。

「どうやらこれが故国の見おさめだな……」

彼は、水平線上にかすむ内地の山脈をはるかにながめながら、心中ひそかにつぶやいた。

「加古川丸」は新造の戦時標準船A型で、排水量六八八六トンの船。できたばかりで船体はみにくい赤サビだらけ。まだペンキも塗っていなかった。激しい船舶の消耗に建造が間にあわず、ペンキを塗る暇もないほどに即刻かり出されたのが露骨にわかった。

この船に戦車九連隊の三、四、五中隊と整備中隊が乗っていた。戦車は九七式中戦車三一両、九五式軽戦車一三両の合計四四両が搭載されていた。九連隊の一中隊（軽戦車一五両）と、二中隊（中戦車一〇両、軽戦車二両）はグアム行きの他の船に乗っていた。

「加古川丸」には、自船を守る船舶砲兵がいなかった。そこで左右両舷の甲板に三両ずつ戦車を並べ、対空、対潜の火砲とした。

「戦車で飛行機を撃つのかい？　え？　戦車砲で潜水艦を射止めろだって？　そんなこと前代未聞だぜ」

下田伍長はあっけにとられた。しかし丸裸の輸送船よりはまだましだ。気休めにも

サイパンの海岸線に到達した米海兵隊の上陸用舟艇。昭和19年6月15日、4波にわたる上陸作戦が実施され、最初の20分間で約8000名が島に上陸した。

ならないだろうが、どうせ退屈している船上の旅である。伍長は、日射しに熱く焼けた戦車の装甲鈑の上にどっかと尻を下ろした。

船団はしばしば、敵潜らしいものを探知しては、そのつど攻撃、避航をつづけながら航行していたが、三日目に、ついに「東征丸」（二八一四トン）が左舷前部に二本の魚雷を受けて沈没した。この船は弾薬と糧食を搭載したパラオ行きの船だった。

ついで九日、こんどはグアム行きの「美作丸」（四六六七トン）が、右舷後部を雷撃されて炎上、約九時間、海上で猛火と戦っていたが、ついにいやいやながら沈没した。

残る船団はそのまま航行をつづけた。その後、被害はなく、各船はそれぞれ目的地に到着し、下田伍長の乗った「加古川丸」も、四月十日に僚船九隻とともに無事、サイパンに到着した。

その後サイパンには、六月七日まで四回にわたって船団が編制され、ぞくぞくと各種部隊が同島に集結してきた。

完全に装備のととのった部隊もあったが、海上で雷撃され、武器が半減したまま上陸してきた大部隊もあれば、中には他の島へいくはずが、船が沈没したので同島に収容された戦力ゼロの裸部隊もあった。

こうした雑多な集合体ではあったが、それでもサイパンの戦力は、斎藤義次中将麾下の第四三師団と、岡芳郎大佐の率いる独立混成第四七旅団、有馬純彦大佐の第九派遣隊、五島正大佐の戦車第九連隊などを主力とし、その他、高射砲連隊、山砲連隊、野戦機関砲中隊などの火器からなり、総勢二万八〇〇〇の陸兵がひしめいていた。

さらに中部太平洋方面艦隊司令長官、南雲忠一中将の麾下、海軍一万五〇〇〇名を加えると、サイパンの日本軍は、じつに四万三〇〇〇の兵力となったのである。これは、一島を守備する兵力としては、大戦以来、未曾有の大兵力である。じつに東條大将をして、

「これでサイパンは絶対だいじょうぶだ。敵がサイパンにきたら思うツボである。そこで待望の殲滅戦を展開して、アメリカの戦意を破砕するのだ」

といわしめたのは理由のないことではなかった。

ただ惜しむらくは、六月七日に到着した最後の船団輸送で、一〇隻のうち五隻が敵潜の餌食となり、臼砲二個大隊（四二門）と戦車二個中隊（三〇両）、さらに多くの歩兵と兵器を海没してしまったことである。

この輸送部隊の壊滅的損害によって、サイパンの防備計画は大きな誤算が生じることとなるのである。

頼みの海空軍の来援はまったくなし

サイパンは南北一九・二キロ、東西は広いところで九・六キロ、面積は約一八五平方キロの島である。島内にはジャングルが茂り、島の中央には標高四七三メートルの最高峰タッポーチョ山がそびえている。この山のやや東寄りに、一連の丘陵が南北に走り、谷間が多く、島の東海岸は断崖となっていた。

全体に平坦な島だが、平地は島の南部と西海岸に開け、日本軍のアスリート飛行場も南部の平地に作られていた。

四月十日、タナバク港から上陸した戦車九連隊の主力は、その日のうちにタッポーチョの山麓をめぐって東岸寄りの後方基地であるチャチャに集結した。下田伍長はいう。

「翌日から毎日、山の側面を穴掘りですわ。戦車一台がようやく入れる洞窟を作って、敵が来襲したとき、飛行機の爆撃や艦砲から戦車を守ろうというわけです」

いうはやすいが、これは大変な仕事だった。下田伍長は、第三中隊の指揮班で、軽戦車の通信を命ぜられた。

戦車隊の乗員はすべて下士官以上である。兵は整備と燃料・弾薬その他の搬送係だ。中隊指揮班は戦車三両で構成されている。中隊長が搭乗する中戦車一両に、軽戦車二両がつく。この指揮下に中戦車三個小隊、計九両がしたがい、合計一二両で一個中隊が編制されていた。

中戦車は乗員が四名で、軽戦車は三名だ。下田伍長は自分たちの戦車を格納する穴を三人で掘らねばならなかった。サイパンの山は石灰質の岩盤で固い。ダイナマイトがないのでツルハシとシャベルでの穴掘りである。

「軽戦車は全長四・二八メートル、幅二メートル、高さ二・二八メートルですから、たいした穴を掘るわけじゃないんですよ。ところがたっぷり二ヵ月かかりましたわ」

サイパンで破壊された戦車第９連隊の九七式中戦車改。後方の山並みは反撃拠点となったタッポーチョ山系。６月16日、日本戦車の夜襲が決行された。

穴掘りばかりで訓練などできなかった。ようやく戦車を掩蔽できる坑道が完成したときに、米軍の攻撃が開始されたのである。

一方、各部隊の陣地構築もさっぱりはかどっていなかった。軍では、遅くとも十月末までに全島を永久陣地で固める方針だった。ということは、米軍はそれまでにはこないだろうとタカをくっていたのである。

水際陣地は不十分で、軽易な一線の野戦陣地程度であった。ところどころに軽掩蓋の重火器陣地、待機壕があったが、後方との交通壕はほとんどなかった。敵の上陸を妨害する水中障害物も設置してなかった。

砲兵の射撃陣地は露天掩体で、主要部のみ掩砲所を構築してあった。

軍需品は約二ヵ月分あり、弾薬は約一会戦分を保有していた。しかしその約三分の一はドンニイや、チャチャ付近の坑道式の横穴や洞窟に集積したが、三分の二はまだ埠頭地区の露天に山積みしたままだった。

この状態で米軍は連日、激しい空襲をかけてきたのである。日本軍は完全に虚を衝かれたかたちであった。

六月十一日の午後一時ごろから、艦載機約一九〇機が来襲。日本軍はただちに応戦に務め、防空部隊は全力をあげて対空戦闘をおこなった。地上砲火で敵機を約四〇機撃墜したが、この日の空襲でガラパンの市街はほとんど焼失してしまった。サイパンだけではなく、米軍はテニアン、ロタ、グアムに対しても同時攻撃をかけてきた。

翌十二日の空襲はさらに苛烈だった。サイパンには四時二十一分から九時三十分までの間、四回にわたり延べ四八〇機が来襲したほか、グアムには夕方までに延べ七〇〇機、テニアンには延べ一七五機が来襲し、飛行場と湾港が徹底的に破壊された。

さらに十三日、四時ごろから米軍は二二〇機でサイパンを攻撃したあと、突如として敵は戦艦八、巡洋艦二、駆逐艦二二で、サイパンとテニアンを包囲し、九時四十五分から十六時三十分までの約七時間、主として飛行場と海岸砲台、高射砲陣地、市街地を砲撃してきた。それだけではとどまらず、敵艦は夜間に入ってからも擾乱射撃をつづけ、日本軍を一時間も休ませなかった。

ほとんど二四時間、ぶっつづけの艦砲射撃で、日本軍は最後の陣地強化が不能となり、部隊は混乱し、司令部は部隊の掌握が困難になってきた。

頼みとする航空兵力は、マリアナ諸島の各基地に一五〇機ほどの海軍航空戦力があったが、この三日間の砲爆撃で全滅を喫していた。もはや基地航空隊の戦力はない。

つづいて十四日、サイパンはまたもや朝から激烈な砲撃を受けた。米軍の艦艇はその数を増加していた。新たに出現した敵艦は、戦艦七、巡洋艦一一、駆逐艦二六という強大な勢力である。

なめるように砲撃してくる敵の攻撃下にありながら守備部隊は意外に損害が少なかった。将兵は来攻する敵の撃滅を期して満を持していたが、期待していた海空軍の来援がまったくないので絶望感におちいるものもあった。

敵の大兵力は一六万を超えた

マリアナに来攻した米軍勢力は、スプルアンス大将の率いる第五艦隊で、ミッチャー中将麾下の空母一五隻を基幹とする第五八機動部隊の援護のもと、ターナー中将麾下の遠征軍、艦船合計五三五隻と四個師団半を含む一二万七〇〇〇名が殺到してきたのである。海軍兵力を合算すれば、マリアナに投入された兵力はじつに一六万七〇〇〇名にのぼる。

このうち、サイパンに上陸する部隊は、第二、第四海兵師団、兵力約七万が予定されていた。

六月十五日、この日は晴天だった。七時十五分、米軍は大型上陸用舟艇約七〇隻、同小型約一〇〇隻の第一波が、チャランカノアの海岸めざして殺到した。

米軍が前進を開始するや、日本軍砲兵は射撃を開始した。ヒナシスの谷地に陣取った黒木少佐の一五センチ榴弾砲大隊は、全火砲をもって突進する上陸用舟艇と、上陸点に火力を集中して威力を発揮、たちまち約三〇隻を撃破した。

不幸にしてこのとき、第三一軍司令官小畑英良中将と主要幕僚はヤップに視察中で留守だった。軍参謀長井桁少将は、軍司令官の名をもって全軍に上陸部隊の撃滅を命じたのである。

日本軍は米軍進攻の予想がはずれ、加えて陣地構築の不備も重なって、たちまち敵の上陸を許さざるをえなかった。

第一波の上陸開始からわずか二〇分間に、米軍は八〇〇〇名もの兵員を上陸させるというスピードだった。

「艦砲はこわかったですわ。しかし戦車は全部無事でした。米軍が上陸してきたとき、私らはチャチャで待機してましたけどな、海岸の歩兵さんは白兵突撃したようです。昼ごろでしたかなあ、第四中隊の戦車が、敵の橋頭堡になぐりこみをやったんですわ」

このとき戦車九連隊第四中隊は、第一線増強のためにオレアイ付近に進出し、海岸守備の海軍を主力とする約一〇〇〇名の歩兵とともに上陸部隊を蹂躙した。前線部隊の必死の突撃に米軍は水際に押し切られようとした。しかし後退した米軍は、沖合から急航接岸した駆逐艦三隻の艦砲射撃の支援で態勢をととのえ、逆襲に対する逆襲で日本軍を圧倒することに成功したのである。まさに多勢に無勢の戦だった。それでも、もう一歩のところだった。

戦車四中隊は、二両を残してすべて撃破され、歩兵は全滅した。

戦いは激烈をきわめた。ススペ崎では白兵戦を展開して陣地を死守した。ヒナシス山東側の日本軍砲兵は、前進する水陸両用戦車に直接照準射撃で猛射を浴びせ、アギガン岬では米軍の側面を猛射した。

守備隊兵力は朝からの戦闘で激減し、砲兵も約半数が損害を受けていた。夕刻までに上陸した米軍は、チャランカノアを含む南北約一キロ、縦深数百メートルに海岸堡を設定、兵力約二個師団が海岸に集結した。

そのとき戦車を使っていたなら

だがこのとき、米軍は戦車を揚陸していなかった。対戦車砲も準備されていない。火砲は貧弱で、海兵のみの上陸である。ここへ、臼砲をぶちこめば米軍は壊滅するところである。その臼砲が、残念ながら海没して一門もない。守備防衛の破綻がここに現われた。

それでも、残る戦車二個中隊を突入させることで、米兵を海中にたたきこみ、敵に上陸を失敗させることが可能だった。しかしここで、日本軍の反撃意見に食いちがいが起きたのである。

十六日の朝、戦車九連隊長の五島大佐は、戦車のみ独立して挺進攻撃することを進言した。情況から見て、十六日の朝こそ反撃のチャンスと見てとったのだ。ところが四七師団の参謀長鈴木大佐は、戦車は歩兵に随伴して同時攻撃すべきだと主張し、この案がとられることになった。

命により戦車二個中隊二四両は、五島大佐の連隊本部戦車五両とともに南興神社の側面に集結した。敵との距離は約二キロ、戦車砲で砲撃することも可能だ。だが、歩兵部隊がまだ集結していないとの理由で一切の攻撃を禁止された。

「あのときやればよかったんですよ。絶対に勝てたんです」

と下田伍長はいまなおくやしがる。戦車隊は歩兵がくるまで待ちつづけた。この間に、上空からは敵機が執拗に爆撃をつづけてきた。なにしろ上空から見ると、二九両の戦車が、いまにも米軍めがけて殺到するように見えたのだ。敵機はよほどあわてたか、練度が未熟だったのか、投下する爆弾は一弾も命中しなかった。

「あんまり爆撃が激しいんで、砲塔から首をひょいと出して周囲を見回したんです。いや驚きましたよ。われわれは木の枝で完全に戦車を偽装していたと思ったんですがね、爆風でそんなもの、まるっきり吹き飛ばされて戦車がぜんぶ、むき出しになってるじゃありませんか。ほかの戦車の連中も、そんなこと知らずに待機していたわけですよ。あれでよくやられなかったもんです」

敵機が去ったあとは、沖から艦砲射撃がはじまった。明らかに戦車隊に照準をつけていた。ところが、前後に小高い丘陵があって、その谷間にいたため、これまた難をまぬかれることができたのである。

戦車隊は、ついに一日中、歩兵の到着するのを無為に待たされてしまった。こうなるとあとは夜襲をかけるしかない。夜襲は最初の計画にはなかった。これはかえって日本軍には不利である。戦車はあくまで、白昼堂々と進撃するのでなければ効果的な戦闘はできない。戦車が横隊でいっせいに進撃すれば、敵兵にあたえる恐怖感は絶大である。

夜になると、闇はむしろ敵側に幸いする。戦車は敵の目標がとらえにくくなるかわり、敵はこちらを攻撃しやすくなる。こんなことは戦車隊にとって作戦行動のイロハである。その危険を、日本軍はあえてやろうとしていた。歩兵がこなかったのは、空襲と艦砲射撃にはばまれたからだった。それならなぜ、攻撃位置についている戦車隊に突撃命令を下さなかったのか。戦車戦を知らない師団参謀のミスとはいい切れない、作戦要諦の重大な欠如である。

米軍はこの間に、いまにも日本軍戦車隊が突入してくるだろうとビクビクしていた。指揮官は絶望的になり、兵は逃げ腰だった。彼らは海岸線で浮き足立っていたのだ。彼らにとって進むも死、退くも死だった。肩を寄せあい、恐怖に青ざめた二個師団の将兵たちはただただ神に祈るしかなかった。無駄なこととは知りながら、彼らは沖の輸送船に、対戦車砲とバズーカ砲を、一刻も早く揚陸してくれることを頼んだ。

事の重大さを知った海兵師団司令部は驚きあわてたことはいうまでもない。玉砕は日本軍の常ではあるが、いままさに、米軍二個師団が海岸で蒸発する寸前であり、海兵創設以来、はじめての玉砕になろうとしている。

ところが奇跡が起こった。日本軍の戦車は一歩も動かず、逆襲してくる気配がない。そのうちバズーカ砲一六〇〇梃が海岸にとどいた。榴弾砲、対戦車用七五ミリ速射砲、M4中戦車などがつぎつぎに米軍橋頭堡に陸揚げされたのである。

「なぜ、あのとき日本軍戦車は攻撃してこなかったのか。われわれにとっては謎としかいいようがない」

米軍の将兵はこういって、みな一様に首をかしげたのである。日本軍の総攻撃は、予定時間をはるかに過ぎた十七日午前二時三十分に開始された。攻撃部隊は、歩兵と戦車の戦闘群を作り、戦車は数名の歩兵を乗車させ、四、五両の組を作って突進した。

と、突然、上空に激しい閃光が輝いたと見る間に、無数の照明弾が撃ち上げられた。戦場はカッと輝き、昼間よりも明るくなった。

バズーカ砲の凄い威力

暗夜の上空に、無数に撃ち上げられる大型照明弾は、進撃する戦車群をくまなく浮き上がらせた。米軍は、日本軍の動きを白日の下にさらし、手の内をすっかり見通しているかのようだった。

米軍海兵隊の陣地は、昨日よりもはるかによく構築され、多くの武器、弾薬が陸揚げされていて、海岸橋頭堡の状況はすっかり改善されていた。

日本側の一刻の逡巡が、このときにはすでに戦局を大きくひるがえし、日本軍を不利な立場に追いこんでいたのである。こうなると日本軍の反撃計画は、たとえ夜襲とはいえ奇襲性に欠けた劣悪な戦法となっていた。

戦場は青白色に煌々と輝いていた。一五一高地の稜線をこえた戦車隊二九両は、チャランケンからオレアイの無線局に向かって突進した。米軍は、無線局周辺に上陸部隊の主力を集結していたのである。

「われわれは最初からツイていませんでしたね。このときも地形上、二列縦隊の形をとらざるをえなかったのですわ。ふつう戦車隊は横隊配置で進撃するもんなんです。まったく不利な戦法でした。それでも、とにかく突っ込めってんで、最大速力で突っ走ったんですわ。戦車の上に乗っていた歩兵なんか、みんな振り落とされてましたわ。こっちは、そんなのかまっておれますか、突っ走りながら敵陣に向かって戦車砲の連続射撃です。それも空に向かって撃つわけです。なにしろ縦隊なので、前方に発射すれば友軍の戦車に当たってしまいますからな。そのうち敵陣からは、待ってましたと

日本軍陣地に向けて発射される米軍の4.5インチロケット弾。米軍はバズーカ砲などの新兵器も配備し、装甲の薄い日本戦車に対し、有効に使用した。

ばかりバリバリ撃ってきよるし、目の前では敵さんが右に左に走っとるのが見える。私はこれに狙いを定めて、機銃を撃ちまくりましたわ」

下田伍長は不思議と恐怖感がなかった。生死の観念もなかった。敵がいようといまいと彼は機銃を撃ちまくった。二〇発入りの箱型弾倉を、彼は間断なく挿しこんでは引き鉄を引きつづけた。伍長は、自分が乗っている九五式軽戦車が明らかに敵陣深く突入していることだけを意識していた。

たちまち乱戦状態となった。戦車隊の指揮系統は完全に混乱していた。不慣れな縦隊突撃のために支離滅裂となった。縦隊の前部はどんどん突っ走り、敵味方入り乱れての凄絶な戦闘となった。

伍長の目に、はるか先頭を突っ走る九七式中戦車改の姿がチラと見えた。砲塔部に白ペンキの点線で鉢巻がしてある。戦車第九連隊長、五島正大佐の乗車する戦車だ。

米軍も必死だった。太平洋戦争で、米海兵隊が受けた、最初の大きな戦車攻撃である。彼らは、無差別に撃ち上げる照明弾で疾走する戦車を浮かび上がらせ、ついで攻撃目標を指示する赤色照明弾を戦車隊の頭上に撃ち上げた。

米軍は小銃、機銃、速射砲、バズーカ砲の猛火を浴びせてきた。中には、果敢にも戦車の側面から手榴弾を投擲してくる米兵もいた。

バズーカは威力を発揮した。命中と同時に装甲を貫徹し、内部で炸裂した。擱座する戦車が続出してきた。このとき突然、米軍は戦車をくり出してきた。M4シャーマン戦車である。戦車対戦車の死闘がはじまった。九七式中戦車の五七ミリが火を吐いた。戦車砲は正確にM4をとらえた。射撃技術は、米軍よりもはるかにすぐれていた。一弾も無駄なく敵戦車に命中する。

しかし装甲がちがっていた。日本の九七式中戦車は、前面が二五ミリ、側面が二〇ミリの装甲だが、M4は前面、側面ともに五一ミリである。命中弾はあたかもボールのようにむなしく跳ね返るだけであった。

それでも戦車隊は遮二無二前進した。ついに米軍の第一線を突破し、敵の指揮所、砲兵陣地の近くまで近迫、目標の無線局地域までいま一歩のところまで肉薄した。このとき敵砲兵は満を持していた。いっせいに七五ミリ対戦車速射砲を日本軍戦車に連射しはじめた。

ついでバズーカが、あちこちの散兵壕からゲリラ的に発射された。日本軍戦車隊はひとたまりもなかった。一発でも命中するとおしまいである。ほとんど全車が破壊され、擱座し、立ち往生したまま黒煙を吐いた。

壊滅を早めた師団参謀の提言

「指揮班の私たちは、当初、中隊長車のそばを離れず戦車を走らせていました。中隊長車が被弾すれば、西館中尉は私の戦車に乗り移って中隊の指揮をとることになっていたのです。しかしそんな手順など無意味でした。目の前で、中隊長車はバズーカにやられて擱座した瞬間、真っ赤な炎に包まれたのです。アッ、中隊長車が。思わず叫んで目をこらして見ましたが、だれ一人戦車から脱出する者はいませんでした。西館中尉は二二歳、同乗の渋谷曹長は二五歳、石飛曹長は二三歳、神山軍曹は二〇歳、富岡兵長は少年戦車兵三期生の一八歳でした。全員、即死したにちがいありません。みんな若い命でした」

下田伍長は、往時を思い、目に涙を浮かべて戦友の死を悼む。

砲弾が炸裂し、曳光弾が飛びかい、機銃弾が戦車の車体に跳ね返る。バズーカの無気味なロケット弾が尾を引く、と見る間に、伍長の戦車が衝撃を受けてエンジンが急に停止した。

「しまったッ！」

操縦席の浅沼兵長が大声をあげた。キャタピラをやられたのだ。直撃弾を受けたキャタピラは、ひきちぎられたように車体からはずれ、転輪がガラガラと空回りしていた。

「車外に出ろ」

車長の中尾曹長がとっさに叫ぶ。下田伍長は戦車の機銃を手ばやくとりはずし、浅沼兵長に手渡してまず戦車から飛び降りた。伍長が機銃を受けとると、残りの二人もつづいて脱出した。ちょうど目の前に窪地があった。三人は窪地にとびこんだ。

激しい戦闘はなおもつづいていた。数十メートル先を、まだ疾走している戦車がいる。だがこれもバズーカの標的になった。天蓋をはねあげて飛び出した一人の曹長が、やにわに日本刀をふりかざして単身、敵陣におどりこんでいった。だが、彼の姿は、

日本兵のひそむ拠点に手榴弾を投じる米軍兵士。東條首相が鉄壁の備えと豪語したサイパン島は、マリアナ沖海戦の敗北とともに米軍の掌中に帰した。

たちまち視界から消えていった。

戦闘を傍観していることにいたたまれなくなった下田伍長は、何度か機銃をかかえて窪地を飛び出そうとしたが、そのつど中尾曹長に強く制止された。

「死に急ぐな、戦闘はこれからだぞ。この場は俺にまかせろッ」

約二時間、三人は窪地に伏せたまま惨劇の戦場を凝視しつづけた。夜が白みはじめ、砲声も静かになってきたころには、勝敗は明らかとなっていた。朝日の中に、二八両の戦車がくすぶり、燃えているのが望見された。

中尾曹長は、中隊本部への引き揚げを指示した。チャチャの中隊本部をめざして、三人は山肌を這って後退をはじめた。

いたるところに戦車隊に随伴した歩兵の死体がころがっていた。五〇〇の歩兵部隊は、なんら作戦に益することなく、全滅するために突入したようなものだった。一刻も早く戦車のみの突入を進言した連隊長五島大佐の案を退け、あくまで歩兵随伴を強行させた師団参謀の提言は、むしろ日本軍の壊滅を早めたにすぎなかった。

下田伍長ら三人が、後方へ撤退するあとから、生き残ったたった一両の戦車が彼らを追いこしていった。仁科軍曹の戦車である。一五一高地の稜線をこえた地点で、仁科軍曹は戦車を止めて待っていた。

「友軍は全滅したぞ、連隊長殿の戦車も擱座した、おそらく戦死されただろう」

軍曹は顔をゆがめながら大声で告げた。かくて輝ける戦車第九連隊は、ついにサイパン戦の第三日目に壊滅したのであった。

しかし、過去三日間にわたる日本軍の激しい抵抗は、米軍の作戦計画を大きく狂わせていた。一つは予備軍として海上に待機させていた陸軍第二七師団を、急遽投入せざるをえなくなったこと。もう一つは、サイパン上陸三日後に予定していたグアム島攻略を取り消し、無期延期を余儀なくさせたことである。米軍の死傷者は、この間に早くも五〇〇〇名を超していた。彼らにとっては予想外の損害であった。

日本軍は、十七日未明の戦車攻撃の失敗によって、戦力はいちじるしく低下した。

そればかりか、各地で敗報がしきりと伝えられるようになった。南側のヒナシス山付近に進出した米軍の圧力は大きく、この地の守備大隊は苦戦していた。

とりわけ独立工兵第七連隊は、ヒナシス集落付近で、米軍上陸以来、歩兵部隊とともに勇戦していたが、十七日には、前進してくる敵戦車に対して肉弾攻撃を敢行し、ほとんどが壮烈な戦死をとげた。

さらにチャランカノアの東側では、地上射撃をおこなっていた高射砲中隊が、破壊された砲を捨てて、全員手榴弾をもって敵中に突入していった。すでに玉砕戦は局地的に展開されていたのである。

こうした状況のため、日本軍は戦線の縮小を余儀なくされ、第二次防御戦を策し、兵力をガラパン——タッポーチョ山——ラウラウ湾の線に後退せざるをえなかった。

復讐に燃えた九両の戦車隊

擱座した戦車から脱出した下田伍長ら三人は、敵飛行機や艦砲射撃に身を隠しながら、二日かかってタッポーチョ山の東側にあるチャチャの中隊本部にたどりついた。そのあいだ、食うものもなく、彼らは二日ぶりに握り飯にありついた。本部についてみると、戦車隊の搭乗員約三〇名が撤退してきていた。

戦車二九両で攻撃したときの搭乗員が、約一一〇名であるから、その約四分の三が戦死したことになる。

「翌十九日の朝、五二師団司令部付の市川正国中尉がチャチャにきましてね、トラック島に移動させる予定の軽戦車一〇両が、まだガラパンの町においてあるというんです。この戦車をもってきて、もう一合戦やろうじゃないかというんですわ。こっちは戦車兵ですからね、戦車がなければ戦争もできない。よっしゃ、やりましょうということになって、生存者三〇人がガラパンへ戦車をとりにいったんです。九五式軽戦車は三人乗りですから人数もちょうどいい、われわれは一〇両の戦車を夜中に持ち帰ってきました。戦史では、戦車一〇両が生き残ったと伝えていますがそうじゃない。この戦車はトラック島に移送すべく待船中だったのが、米軍のサイパン攻略に巻きこまれたやつなんですよ。とにかく戦車さえあればこっちのもんです。早速、翌二十日、ツツーラン付近まで進出してきた米軍に、われわれはふたたび夜襲をかけたんですわ」

下田伍長の乗った戦車は指揮車となり、黒岩軍曹が操縦し、市川中尉が車長となって戦車隊の指揮をとった。

ツツーランは標高一六三・五メートルの高地だが、このあたり一帯が盛り上がって

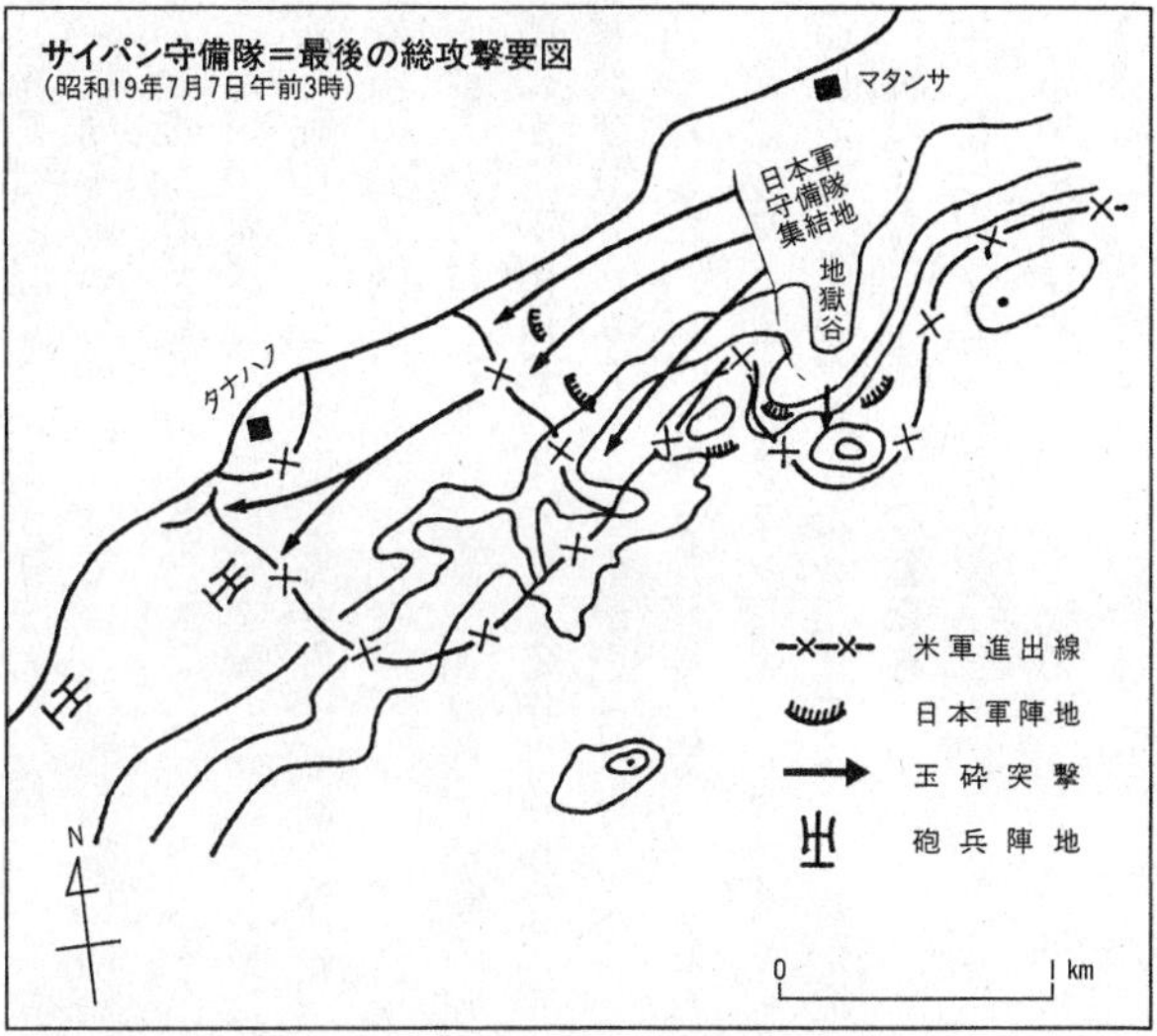

サイパン守備隊＝最後の総攻撃要図
(昭和19年7月7日午前3時)

いるので、なんということもないのっぺりとした丘である。このなだらかな丘陵の頂上が、米軍の最前線になっていた。

夜の十時ごろ、軽戦車隊は復讐戦に燃えていっせいにエンジンをかけた。だが、うち一両のエンジンが不調だった。やむなく九両だけで敵陣に突入することになった。

轟々たる音響をあげながら、戦車隊は横隊の陣形で時速四〇キロの最高スピードで疾走した。敵陣二〇〇〇メートル手前に達したとき、突然、米軍は無数の星弾を撃ち上げてきた。またもや戦場は真昼のように輝き、戦車の姿が平地に浮かび上がった。

敵陣はと見ると、わが軍をむかえ撃つべくM4中戦車が並んでいた。さらに速射砲が放列を敷いて待ちうけていた。この敵に向かって九五式軽戦車の三七ミリ戦車砲がいっせいに火蓋を切った。

市川中尉は、左手で砲弾を鷲づかみにしては砲身に装填し、右手で照準しながら連続発射していた。下田伍長も負けてはいない。前方機銃にしがみついて、七・七ミリ機銃の引き鉄を引きつづけた。

前方からは、バズーカ砲、速射砲、機銃の弾丸が入り混じって飛んでくる。いつの間にか、下田伍長の乗っている指揮車が先頭を突っ走っていた。突然、目の前を火花が飛び散り、ガクンと戦車が止まった。

「やられたッ、ロケット弾が操行機に命中した」

黒岩軍曹が悲痛な声をあげた。バズーカが命中したのだ。これがもし、まともに正面に当たっていたら、たった一二ミリの装甲鈑である。たちまち貫通して炸裂、全員、一瞬のうちに即死したことだろう。

「二人とも脱出、後退せよ」

市川中尉は叫ぶと、身をひるがえして車外に飛び出し、後続の戦車に手を振って乗り移ると、ふたたび中隊の指揮をとった。だが、その戦車も一〇〇メートルと進まないうちに命中弾が炸裂、戦車はたちまち火に包まれてしまった。乗員は、脱出する余裕すらなかった。残る七両も、敵陣近く肉薄しながらつぎつぎに擱座、炎上した。またもや戦車攻撃は失敗に帰したのだった。

激烈！　タッポーチョ山頂争奪戦

下田伍長と黒岩軍曹が、蹌踉《そうろう》たる足どりでドンニイの中隊本部に帰ってみると、生還してきたのは第一小隊長の田辺少尉ただ一人だけだった。二七名の出撃者のうち、二四名がツーランで戦死したのだった。戦車はもう一両もない。

「田辺少尉は、これからは歩兵戦闘に移ると命令しましてね、整備兵や補給兵をかり集めて中隊を編制したんです。二十一日のことでした。戦車からはずした機銃を持っていた私は、兵員二四名をあずかって、山肌を伝って米軍が進出しているチャチャ付近に向かったんです。見るとね、戦車を隠すためにわれわれが掘った洞窟のところまで米軍のジープやトラックがきてるじゃありませんか。私は伝令を走らせて中隊本部に状況を伝えたんです。すると本部から古城曹長が兵二名を連れて応援にきてくれましたわ。

そのころ、もう夕方でしたが、米軍が散兵壕を築きはじめたんです。これを見て古城曹長は薄暮攻撃を提案しましてね、自分は左翼から回りこむから、正面から機銃攻撃をかけろというんです。よっしゃ、やりましょうってんで、午後五時、打ち合わせどおり、私は機銃を乱射しましたわ。約一五〇メートルの距離からの不意打ちですから、おもしろいように米兵はバタバタと倒れましたわ。アッという間に敵さん、たちまち逃げていなくなりましたわ。

ところが私の部下の半数を連れて出かけた古城曹長は、その夜とうとう帰ってきませんでした。夜になって、私らは前線を確保しながら、部下に中隊本部へ糧食をとりにいかせたんですがね、間もなく引き返してきた兵は中隊本部にはだれもいないというんです。驚きましたわ。前線で戦っている私たちをおき去りにして、みんな後退しているんですよ」

このころ、日本軍はタッポーチョ山に新防御線を構築し、逐次、兵力を集結させていたのである。

新防御線の中核であるタッポーチョの西側稜線から二八六高地、三四三高地付近には、新鋭の歩兵第一三五連隊主力が、すでに陣地構築に着手していた。

タッポーチョ山の東側地域は、前線から後退した歩兵第一一八連隊、歩兵第一八連隊第一大隊の生存者が陣を固めた。

タッポーチョ山は、標高四七三メートルにすぎないが、サイパン島の中央に位置して、頂上からは全島を俯瞰できるばかりか、斜面には多くの洞窟があり、密林も繁っていて、守るには絶好の要害の地である。この地こそサイパン島攻防の決戦場といってよかった。

二十二日、米軍はいよいよタッポーチョの日本軍陣地に本格的な攻撃を開始した。海兵第二師団と第四師団を両翼に配し、陸軍第二七師団を中央に据えて攻めのぼってきたのである。

タッポーチョをめぐって、連日激闘がつづいた。二十三日には二八六高地、三四三高地で肉弾戦が展開された。この日、米陸軍第二七師団は一九二高地西側の峡谷に向かって攻撃したが、守備隊は錯雑した地形を利用し、両側の高地や山腹の洞窟から米軍を側射、敵を一歩も前進させなかった。あまりに激しい日本軍の抵抗に米軍は死傷者が続出し、彼らはこの谷間を「死の谷」と呼んで戦意を喪失したほどである。

他方、左翼の米軍は二十四日、三四三高地を占領、右翼は戦車をともなってチャチャに進出した。さらにタッポーチョ西斜面や、ガラパン南方にも米軍は急迫した。

しかしタッポーチョ北東側の峡谷、死の谷では、中央部隊の陸軍第二七師団の攻撃がことごとく失敗し、一歩も前進できない。これを見た攻略部隊の総指揮官ホーランド・スミス海兵中将は、烈火のごとく怒り、師団長ラルフ・スミス少将を作戦中にもかかわらず即日更迭してしまった。いわゆる米軍陣営の「サイパンの悲劇」である。

二十五日、米軍はタッポーチョ山頂に近迫し、夜に至るまで山頂をめぐって争奪戦がつづいた。翌二十六日、米軍は猛烈な砲爆撃の掩護下に約二個大隊の兵力で攻撃を再開、これに対する日本軍は、連日の死闘で兵力が消耗し、歩兵第一三五連隊を基幹とする一個大隊、それもわずかに一八〇名である。死力をつくす日本軍の抵抗で、米軍一個大隊約一〇〇〇名のうち、じつに八〇〇名がこの一戦で失われたという。

将兵の勇戦はめざましかった。山頂の南西側の高地を死守していた大津理作中尉は米軍迫撃砲五、六門、照明班七、八組を急襲撃滅し、二十六日夜、大隊へ復帰を命ぜられると、約一五名の残存兵を率いて敵陣を突破し、米兵約一五〇名と指揮所を掃討しながら復帰するという勇猛ぶりだった。

二つに一つを選ぶしか方法はない

タッポーチョ山の死闘が展開されているとき、下田伍長は薄暮攻撃で一六名に減った部下を率いてドンニイの連隊本部へ引き揚げてみた。ここもまた、もぬけの殻で、残された遺体や負傷者でまさに地獄の様相である。痛々しい包帯姿の兵隊が、道路を這いずりながら伍長たちに「連れていってくれ、連れていってくれ」と悲痛な声をあげた。

「本部が存在しないので行動の目標を失ってしまいましてね、私は兵隊たちにこの場で解散し、自由行動せよと指示したんです。しかし全員が私についていくというんです。やむなく私は、まず戦闘状況を把握するため、タッポーチョ山の頂上をめざすことにしたんです。米兵の機銃掃射を避けるため、山の尾根を伝い、ジャングルを突き進みました。暗夜、片手に機銃を持ち、もう一方の手で樹木をつかんで這い登るんです。手さぐりで木の根をつかんだと思ったら、友軍の遺体がズルズルと上から落ちてきましてね、驚いて見回すとあたり一面、戦死者だらけでした」

すでにタッポーチョは二十七日に占領されていた。さらに「死の谷」も激闘のすえ、米軍の手中にあった。ここでは米陸軍第二七師団の一個大隊が、兵力の九割を失い、一小隊に激減するまで闘ったという。両軍の戦死者が、タッポーチョの山や谷を埋めつくしていた。

サイパン守備隊が、絶対確保を期していた最大の要衝、タッポーチョ山が陥ちてから、日本軍は陸軍の第三一軍司令部と、海軍の中部太平洋方面艦隊司令部を一体とし、合同司令部となってタナバク東方約一・五キロの地獄谷にその拠点をおいた。

このころ、日本軍の戦力は消耗の極に達し、兵器、弾薬はほとんど破壊され、米軍戦車の攻撃を阻止する一門の火砲もなく、全員肉弾突撃を覚悟しなければならなかった。

七月四日、地獄谷の合同司令部は猛烈な砲撃を受け、第三一軍高級参謀伊東大佐は戦死し、斎藤師団長も破片で負傷した。いまや守備隊に残された行動は、島の北端まで後退作戦をおこなうか、あるいは全力をあげて玉砕攻撃を決断するか、二つに一つを選ぶしか方法がなかった。

合同司令部では、これからの行動について検討をつづけたが、七日早朝を期して最後の玉砕攻撃をおこない、全軍死をもって太平洋の防波堤となることに決定したのである。

攻撃開始は七日午前三時、目標はガラパンの米軍司令部、宿営地、火砲陣地などで、一挙に突入して米軍を混乱状態におとしいれようとするものだった。この総攻撃には、在郷軍人、青年団員ら在留邦人も参加した。武器のない者は棒の先に銃剣をつけ、石ころを持った。

「このとき、南部から撤退してきた兵隊は、約三〇〇〇名をかぞえました。陸海軍が入りまじり、組織的な戦闘力をもたない小部隊がほとんどでしたね。大隊ごとに点呼がおこなわれたんですが、私たち戦車第九連隊の生存者はたったの二四名でした。報告を聞いた参謀が、あきれかえった顔をして、〝なに？　たったそれだけか？〟と聞き返しましてね、気の毒そうな、せつない表情で、〝おまえたち、いちばん最後に待機しておれ〟というんです。参謀は、言外に、玉砕攻撃に出んでもいいといったんですね」

突入しようにも下田伍長には武器がなかった。彼は、死に急ぐ将兵の出撃をぼんやりとながめていた。米軍は、この総攻撃を事前にキャッチしていた。総攻撃直前に捕らえた日本兵捕虜から情報を聞き出し、すでに警戒態勢をとっていたのである。突撃が開始されると、米軍は照明弾を撃ち上げ、大小の火器がいっせいに火を吹いた。文字どおり肉弾攻撃をかける四〇〇〇の将兵は血しぶきを上げた。最後に戦車隊二四名もこの十字砲火の中に飛び出していった。

●玉砕の島⑨――テニアン島

真夜中の逆襲部隊

サイパンとともにテニアンにも長距離爆撃機が離着陸できる飛行場の適地があった。米軍が日本本土をB29で爆撃するためには、この両島がどうしても不可欠である。フィリピンを攻略するうえでもマリアナは一石二鳥の戦略要地といえる。平坦なテニアンには身を守るべき障害物もない。熾烈な砲爆撃に全島が震動した。史上初のナパーム弾が投下されて平地を炎の海にした。その中で日本軍は戦い、一般邦人は逃げまどう。
●米軍進攻日＝昭和十九年七月二十四日　●米軍兵力＝約三万名
●日本軍兵力＝八一一一名　●玉砕日＝昭和十九年八月二日
●生存者＝三一三名

刻々と近づく敵船団の黒い姿

「私が生きて帰れたのは、分隊長の野本軍曹のおかげです。血気にはやる私たち若いもんの行動を叱りつけるように押さえては、〝まだ死ぬときではないぞ！〟といって、何度も後退を命じたのです。私は初めのうちは、軍曹は臆病風に吹かれているのでは

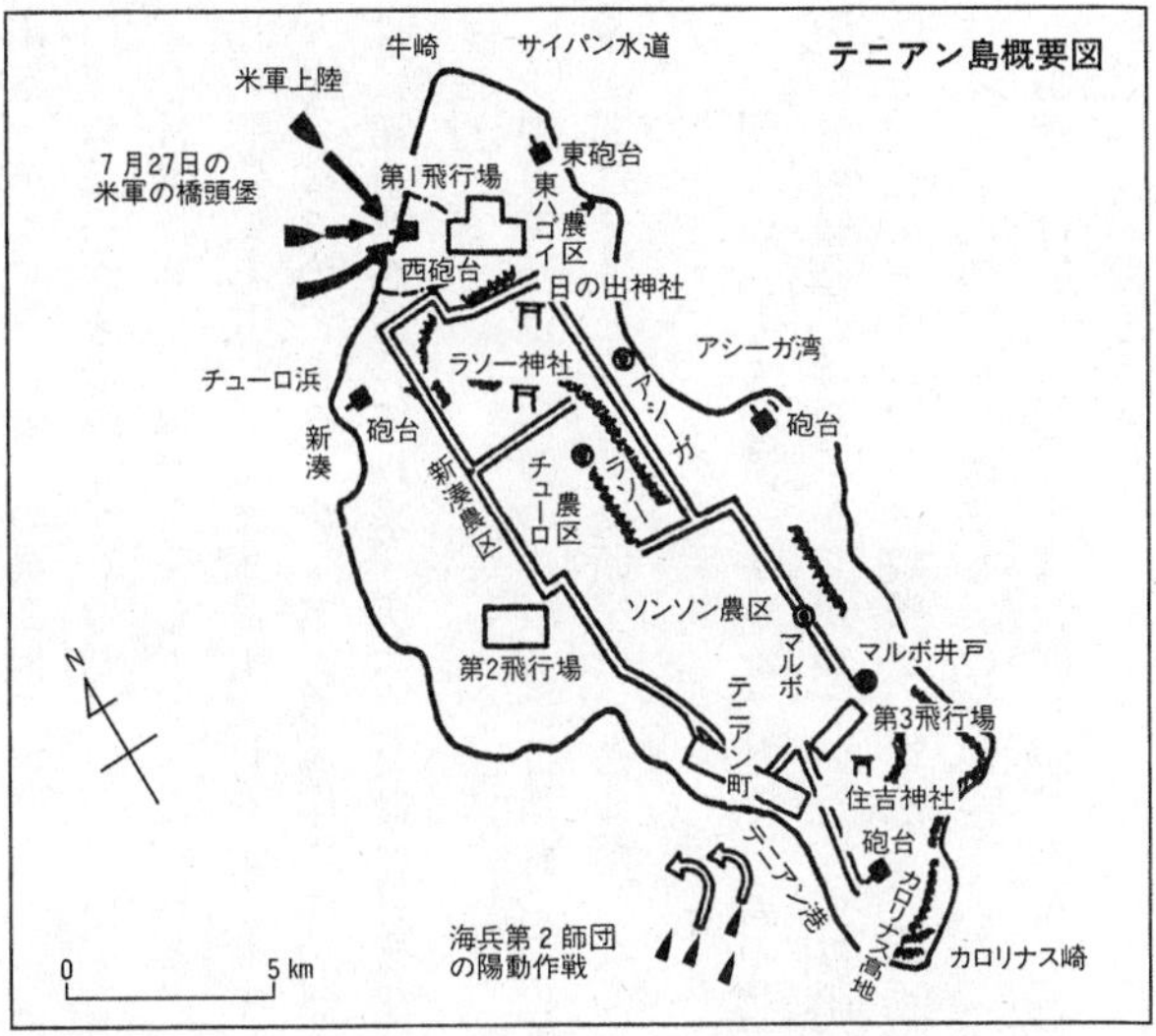

ないかと疑ったくらいです。おそらく分隊の戦友は、内心では一度や二度、みんなそう思ったでしょうね。軍曹の徹底した後退命令は、玉砕の島テニアンのなかで生き残る、勇気ある命令だったと思います」

しみじみと語る山沖元上等兵は、幸運にもテニアンで生き残った三一三名の将兵の中の一人である。

彼が語ってくれた野本軍曹の回想は、絶望的な絶対死の状況下での、人間の冷徹さをものがたる貴重な証言である。

昭和十九年七月二十四日の早朝、山沖上等兵は、テニアン島中央部のラソー高地の監視哨にいた。ラソー山は、テニアン島唯一の最高地で、標高一七二メートルの丘である。ここに歩兵第五〇連隊第一大隊の主力が駐留していた。

今日あたり、米軍が上陸してくるだろうとの、大隊本部の予想もあって、彼は監視用の眼鏡にとりついたまま海上に目を走らせていた。

すでにそのときは、テニアンの海岸線は猛烈な砲爆撃にさらされていた。六月十一日に初空襲があって以来、テニアンは今日まで四三日間というもの、連日敵の砲爆撃を受けてきた。

山沖上等兵は、砲弾の炸裂音には慣れっこになってはいたものの、近弾を示す金属音が聞こえると反射的に頭を引っこめた。なんべん聞いてもこの音だけは無気味だった。

今朝はいつもより激しかった。とくに島の北東方面で立ちのぼるすさまじい爆煙は、いつもの艦砲とは様子がちがっていた。彼は眼鏡の中でうごめく敵艦をにらみつけていた。北東方面の沖には戦艦二、重巡一、駆逐艦四が砲門を開いて、ハーブイ浜からチューロ浜の一帯を砲撃している。

『あそこは第三中隊の守備範囲だが、みんな苦労してるだろうな。麻生大尉どのはだいじょうぶだろうか』

彼は精悍な第三中隊長の顔をふと思い浮かべた。

目を転ずると、南西方面のテニアン港のはるか沖には、戦艦一、軽巡一、駆逐艦二がしきりにテニアン町を砲撃している。

突然、山沖上等兵はハッと胸を突かれた。戦艦のかげから、明らかに輸送船と思われるズングリした船が七隻、いましも朝靄からぬけ出るように姿を現わすと、テニアン港に向かって近づいてくるではないか。

「輸送船七隻、テニアン港に近づいてくる。上陸部隊と思われる」

彼は送話器をとると怒鳴るように本部に通報した。電話だから大声を出す必要はないのだが、どうしても声が高ぶる。

「ほう、いよいよきたか」

声にふり返ると、野本軍曹がいつの間にかうしろに立って沖を見ていた。平然と、景勝地をながめるかのように目を細めている。

「分隊長、いよいよ決戦のときであります。われわれも水際撃滅戦に出撃でありますか」

緊張のあまり、彼は声が震えた。

「あわてるな、まだだよ。テニアン港には第三大隊と海軍さんががん張っているじゃないか。海岸砲台も健在だし、カロリナスには山砲大隊も布陣している。ま、ここは高みの見物といこう」

軍曹はポンと山沖上等兵の肩をたたいた。気軽な軍曹の態度に、ほっとした気持が湧いた。しかし、刻々と近づく敵船団の黒い姿を見ていると、胃が締めつけられるような焦燥を覚える。

サイパンがやられた！

テニアンは、幅わずか五キロの水道をへだててサイパン島の南に接する小島である。南北約二〇キロ、東西約一〇キロで、島の形はやや菱形に近い。面積は約九八平方キロで、八丈島の一・四倍、サイパン島の約半分だ。

元来テニアンは、サイパンと同様、日本の領土のようなものだった。第一次大戦のときドイツ領だったこの島を占領し、大正八年のベルサイユ条約によって日本の委任統治領となっていた。

このためテニアンには早くから日本の民間企業が進出しており、とくに南洋興発株式会社による製糖工場の活躍がめざましかった。この島だけで、日本の砂糖の全生産高の一二パーセントを産出したのである。

米軍が上陸してくるまで、テニアンには邦人居留民が約一万五七〇〇人（うち朝鮮人労務者が二七〇〇人）いた。ほとんどが南洋興発の社員と労働者である。現地人のチャモロ族は、わずかに二六人しかいなかった。

テニアンは全体に地形が平らなことから、島のすべてが農地に適し、ほとんど砂糖キビ畑になっていた。日本海軍は、この島に三つの飛行場を建設すると、マリアナ防衛の不沈空母としたのである。

守備隊は、陸・海両軍が当たっていた。海軍は、第五六警備隊九五〇名を主力とし、司令の大家吾一大佐が指揮をとっていた。また航空隊は、司令長官角田覚治中将の率いる第一航空艦隊が進駐していた。海軍の総兵力は約四一〇〇名である。

一方、陸軍は、緒方敬志大佐麾下の歩兵第五〇連隊、約二八〇〇名を主力とし、これに第一三五連隊の第一大隊九五〇名と、第一八連隊の戦車中隊を加えた、合計約四〇〇〇名の兵力である。陸海軍あわせて、テニアンの総兵力は約八一〇〇名であった。

空爆と艦砲射撃で島全体が揺れ動いている七月十八日のこと、守備隊を暗然とさせるニュースが飛びこんできた。大本営発表によるサイパン玉砕の悲報である。

目の前に見えるサイパンの島だけに、テニアンの将兵は邦人とともにいいしれぬ不安に沈んだのであった。彼らは、いよいよ米軍の上陸が切迫していることをひしひしと感じていた。

ただちに陸海軍合同の作戦会議が、第一航空艦隊司令部で開かれた。米軍が上陸した場合、陸上戦闘の指揮は、陸軍守備隊長の緒方大佐がとることを確認し、海軍は、すべて陸軍部隊の指揮下に入るよう、角田司令長官から命ぜられた。

このときまでに、海軍の航空部隊は、全飛行機を失っていた。搭乗員をはじめ基地要員、設営隊、その他海軍の人員はすべて陸戦隊を編制した。

一般邦人の戦闘参加も要求された。居留民の中から、一六歳から四五歳までの男子、約三五〇〇名が集められ、義勇隊六個中隊が編制された。

残り約一万二二〇〇名の老人婦女子たちは島の南部、カロリナス高地に避難させた。この地域の台地はほとんどが砂糖キビの畑だが、若干のジャングルと南側の崖には自然の海洞や鍾乳洞が多数、口を開けていた。

守備隊司令部では、米軍が上陸する地点は南西部のテニアン湾正面、または北東部のアシーガ湾正面のいずれか一方と判断していた。また、北西部のハーブイ浜海岸にも上陸の可能性を予想したが、ここは浜の幅が五〇〇メートルと狭隘《きょうあい》で、大軍が上陸するには無理だろうと見ていた。その他の海岸線は、ほとんどが断崖で上陸は不可能だ。

はたせるかな、二十四日の早朝、敵輸送船団が姿を現わしたのはテニアン湾の正面である。

守備隊長緒方大佐は、米軍の主上陸地がテニアン湾だと確信した。ただちにマルポに待機していた第一三五連隊第一大隊と、戦車中隊の一部を湾正面に移動増強させ、敵の上陸を破砕する準備を固めた。

米軍のしかけた巧妙なワナ

山沖上等兵は、監視哨の眼下に展開する敵船団の動きに思わず生唾を飲みこんだ。陸岸からおよそ三〇〇〇メートルの至近に迫った敵艦船のあいだから、上陸用舟艇約一〇〇隻が、いっせいに白波を蹴立てて全速で突っ走り出したのである。六時三十分だった。彼は膝の震えを感じた。

「くそ、敵が上陸したら突撃あるのみだ。いまにみておれヤンキーめ」

彼は鼓動の高なりを押さえながら、必死に眼鏡の焦点を合わせていた。そのとき、カロリナス高地の六インチ海岸砲が猛然と火を吐いた。と見る間に、敵戦艦の巨大な艦腹に閃光が走り、もくっと黒煙が吹き上がった。

「やったッ、命中だ、ざまみろ」

つづいて各砲台の砲門も開かれた。陸上から待ちに待った反撃の小気味よい砲撃音がインインとこだまする。たちまち小型艦の艦橋付近が炸裂し、火炎が立ちのぼった。

「駆逐艦にも命中。あ、また命中。敵艦は北方に向きを変えたぞ。あ、上陸用舟艇も逃げ出したッ」

興奮した山沖上等兵は、眼鏡を握りしめて戦況を実況放送する。

監視哨では喊声が上がった。敵舟艇群は陸岸から約一八〇〇メートルまで近づいたところで、全艇がいっせいにきびすを返していった。

「やった、撃退したぞ。さすがはわが砲兵隊だ。平松大尉殿の大殊勲だ」

砲兵大隊長平松竜彦大尉は、第五〇連隊随一の名砲手である。一ヵ月前に甲斐克之少佐と大隊長を交代したばかりだった。

このとき米軍は、戦艦「コロラド」に二二発の命中弾があった。これを援護した駆逐艦一発の命中弾があった。これを援護した駆逐艦「ノーマン・スコット」は、命中弾六発をうけて艦長以下多数が死傷したのであった。

九時過ぎ、米軍はふたたび上陸作戦に出てきた。またもや日本軍は激しい砲撃を浴びせる。彼らは砲撃をうけると、くるりと反転して沖へ避退し、輸送船に舟艇を揚収して去っていった。

上陸軍の撃退に気をよくした日本軍だったが、じつはこれが巧妙な米軍の陽動作戦だった。日本軍主力は、このため南西方面に釘づけにされたまま身動きできなかった。

この間、米軍は徹底的に北西部のハーブイ浜一帯を砲爆撃していた。彼らは艦砲のみならず、サイパン南部のアギガン岬付近に重砲陣地を敷き、砲兵一三個大隊からなる榴弾砲一五六門をずらりと並べ、五〇〇〇メートルのサイパン水道を越えてテニアン北西部に一五五ミリ砲弾の雨を降らせていた。

日本軍が、よもやと思っていた手薄の北西部に米軍が上陸を開始したのは七時ごろだった。守備隊の主力がテニアン港正面に集結して迎撃戦たけなわのころである。

第四海兵師団の第一波が、約一五〇隻の上陸用舟艇で一気にハーブイ浜の狭い海岸に上陸すると、たちまち第一飛行場付近まで前進、日本軍の微弱な抵抗を排除して海岸に橋頭堡を築いてしまった。

水際に配備していた第五〇連隊第三中隊と陸戦隊約三〇〇名は、敵の激烈な砲爆撃にほとんどが吹き飛ばされていた。かろうじて生き残ったわずかの将兵も、水際戦闘で米軍に追いまくられ、正午ごろまでには完全に全滅したのである。

日本軍は明らかに裏をかかれた。北西部の海岸は日本軍の全滅によってガラあきとなっていた。オトリになって偽装上陸をかけてきた第二海兵師団は、まんまとハーブイ浜の沖に達し、なんらの抵抗も受けず、第四海兵師団のあとから上陸を開始した。
日没までに米軍は、この狭い海岸から一個海兵師団と山砲四個大隊を上陸させた。
この上陸作戦で戦死した米兵はわずか一五名だったという。

照明弾下に照らされた主力部隊

北西部のハーブイ浜に米軍が上陸したことを知った司令部は愕然とした。その日の午後、陸海軍の主力をもって米軍橋頭堡を包囲撃滅することに決した司令部は、各部隊にラソー山周辺に集結するよう命じた。

テニアンには、全島くまなく道路が縦横に走っている。部隊の移動も容易だ。しかし、いまはガラリと情勢が変わっていた。白昼の兵力移動は敵の好餌になるばかりだ。やむなく日没を待って移動することにする。

攻撃要領は、三方からの同時突入とした。北の第一飛行場方面から五〇連隊第二大隊が突入する。東中央から一三五連隊第一大隊と戦車中隊が突入。南からは五〇連隊第一大隊と海軍第五六警備隊の突入と決まった。時間は真夜中の二十四時を期して総攻撃とした。

この反撃戦には、工兵隊、補給中隊、衛生隊、陸戦隊をはじめ、民間義勇隊も参加

昭和19年６月下旬、サイパン攻防戦が末期を迎え、米軍はテニアン島上陸を前に飛行場付近を爆撃した。すでに１航艦の飛行機はすべて失われていた。

したのである。こうして総兵力は約四〇〇〇名に達した。

日没とともに逆襲部隊は北に向かって移動を開始した。しかし米軍の砲撃は夜間になっても間断なくつづき、部隊の前進ははかどらなかった。明らかに敵は夜襲を警戒しての盲目撃ちだ。しかしどこに砲弾が落ちてくるかわからないのでかえって危険だった。

「いいか貴様たち、俺から離れるんじゃないぞ、決して急いで前へ出るな」

野本軍曹は一二名の部下に厳重に注意すると、砂糖キビ畑の低所を前進した。無差別に落下する砲弾を避けながら、野本分隊は、匍匐、駆け足、伏せ、避退をくり返しつつ、新湊農区の海岸近くにたどりついた。激しい砲撃に、直撃を食らって吹き飛ばされた小隊も出た。前進中に死傷者が続出した。

大隊は分散して進んだ。もはや大隊長がどこにいるかもわからなかった。時間は刻々とすぎてゆく。敵陣までまだ一キロはあった。予定時間がきた。とても総攻撃など思いも及ばない。いつ敵の橋頭堡に到着できるか。すでに作戦は齟齬《そご》をきたしていた。

「軍曹どの、総攻撃の時間です。急ぎましょう」

山沖上等兵は土手の陰に伏せている軍曹のそばへ這っていってささやいた。

「馬鹿をいえ、時間など気にするな。それより身を隠す遮蔽物がないかさがせ」

平坦なキビ畑に遮蔽物はなにもなかった。軍曹は、前方の落下砲弾の穴を指すと、一人ずつ匍匐前進させて身を潜めさせた。

頭上では弾道音がたえまなくうなり、前後左右に落下する砲弾で土砂が噴き上がっていた。分隊は、落下砲弾の穴から穴へと移りながら、二時間かかって五〇〇メートル前進した。

と、そのとき、前方で友軍の射撃音が上がった。いよいよ突入開始だ。そのとき、彼らの頭上がいきなりカッと明るくなった。照明弾だ。

「野郎ども動くな！　伏せろッ」

軍曹の絶叫が終わらないうちに、猛烈な機銃掃射が頭上を掃きつづけた。すさまじい火箭の束が網の目のように交錯し、その弾幕射撃を縫って迫撃砲弾が狂気のように落下してきた。照明弾は跡《と》切れなく無数に撃ち上げられ、マグネシウムの強烈な閃光が一本一本の毛筋まで照らし出した。伏せたまま軍曹は大声で怒鳴った。

「いいか、聞け！　夜襲は失敗だ、撤退するぞ、這ったまま後退する、決して頭を上げるな、地面にへばりついて退がれ」

山沖上等兵は耳を疑った。どんな情況下でも退却などありえないのが皇軍の伝統だったはずだ。彼は昂然と頭を上げた。前方でばたばた倒れる戦友の黒い影が目に飛びこんできた。照明弾で、敵陣の堡塁が見えた。二〇〇メートルと離れていない。射撃する敵機銃の火点がはっきりわかる。腹の底から彼は、憤怒が燃え上がった。〝殺してやる、アメ公めッ、殺しやる〟彼は目をむいた。

「馬鹿野郎ッ！　退がれ、ケツを下げろ」

耳元で軍曹が怒鳴った。

「死ぬのは今じゃないぞ、山沖、もう一度やり直しだ、ついてこい」

軍曹の声は乱れのない冷静さだった。じりじりと後退する軍曹に、山沖上等兵は引き寄せられるように退がりはじめた。

反撃は失敗だった。北からの攻撃は一時ごろ開始され、五時間つづいたが全滅状態となった。東からの中央攻撃は一時半ごろ敵陣を突破したが、短時間で全滅。南からは二時半ごろはじまり、軽戦車六両が先頭を切って突入したが、米軍の橋頭堡に到達する前に破壊され、歩兵は撃破された。この戦闘で日本軍は三人の大隊長を失い、戦死者は約二五〇〇名にのぼり、守備隊の主力は壊滅した。

野本軍曹の勇気ある決断

二十五日の夜が明けて、残存部隊が逐次後方に撤退をはじめたとき、守備隊はかつて経験したことのない恐るべき新兵器の攻撃にさらされた。ナパーム爆弾である。米軍はこの完全殺戮弾を、初めてテニアンに三四発投下した。ものすごい高炎熱を放射するナパームは、一瞬のうちに砲兵陣地の偽装を焼きはらい、潜伏する将兵を黒こげにした。

この新型爆弾は、戦力を失った守備隊を、よりいっそう絶望的なものにした。守備隊はラソー山からサバネタバスの線へ後退した。全戦線から後方へ集結した兵力は約二〇〇〇名。しかし反撃できる戦力ではない。さらに部隊は南下した。行き先は絶壁のそそり立つカロリナス高地だ。七月二十八日、第一航空艦隊参謀長三和義勇大佐は、連合艦隊参謀長につぎの電報を発信した。

『……戦勢急変し、かつ敵砲爆撃猛烈にして食糧飲料水の搬送貯蔵意のごとくならず。当地はマルポ水源をのぞいては天水以外に水源なし。マルポを失うことが大勢を決するものと認むるを至当とす……』

唯一の水源地マルポが、敵に占領されたのが三十一日。絶体絶命である。これに対して守備隊は、カロリナス高地の北辺に最後の防御陣地を構築し、三十一日夜から一日の朝にかけて反撃を開始した。

残存軽戦車三両を先頭に、守備隊は三波にわたり米軍陣地になだれこみ、激しい白兵戦まで展開したがついにぬくことができない。

ふたたび反撃に失敗した守備隊は、急速に組織的抵抗を失っていった。井戸を米軍に押さえられ、飲料水の欠乏が致命的となった。

残存兵は、海岸線の自然の洞窟に身を潜めるしか方法がなかった。野本軍曹の分隊はカロリナス岬近くの小さな海洞に避退していた。彼らは最後の抵抗戦にも参加していない。

「勝つ見こみがあるなら出撃する。敗れることを知っていて戦う必要があるか。死に急ぐ理由は俺にはない」

軍曹の説得に、彼らは出撃しなかったのである。反撃が失敗したあと、司令部からの連絡もなく、彼らは孤立していた。

その直後、八月二日の深夜、緒方連隊長は残存兵力と民間義勇隊約一〇〇〇名を率い、二十四時を期して最後の玉砕攻撃をおこなっていた。白ダスキをかけた決死の彼らは、カロリナス高地に進入した敵陣に突入したが、猛烈な戦車の機銃と迫撃砲火に打ち砕かれ、火炎戦車の噴射炎に焼かれて壮烈な戦死をとげていったのである。このとき、角田覚治司令長官も、手榴弾を持って壕を出たまま帰らなかった。緒方連隊長をはじめ、司令部要員ことごとくが戦死、または自決して果てた。

この突撃は、全軍に徹底しないままにおこなわれたので、多数の将兵が洞窟にとり残されていた。野本分隊もその一組だった。

翌日から、米軍は海上から拡声器で、民間人の自決をいましめ、生存将兵に降伏を勧告しはじめた。しかし、だれも降伏に応じないのを知った米軍は、洞窟から洞窟へと、生存者の掃討を開始した。手榴弾が投げこまれ、火炎放射器で炎を浴びせてきた。

こうした情況のなかで、野本軍曹は部下を励ましていた。

「外の空気から、守備隊が全滅したであろうことは察しがついていました。われわれの絶望感は極度に高まり、一二名が一丸となって米軍陣地に突入しようとか、軍人らしく自決しようなどと口走っていました。しかし野本軍曹だけはあくまで冷静でした。

『死ぬことによってテニアンの情勢が好転するなら玉砕することもいいだろう。自決することで敗北が勝利に変わるなら、自分は喜んで腹を切る』

そういうのです。みなシュンとしました。だれも死にたくないのです。その場の成り行き、コトの勢いで死を叫んでいたのですからね。軍曹はわれわれの気持を見ぬいていたのです。

『まだ死ぬときではない、かならず大手を振って生きてゆける機会がある』

と軍曹はいっていました。

投降のことですか？

いいえ、それだけは考えてもみませんでした。た

テニアン戦末期、日本軍の拠点となったカロリナス高地。守備隊は8月2日深夜、最後の攻撃を敢行する。

だ軍曹は、われわれに武器を放棄するよう命じたのです。銃を持っていると、米兵と遭遇したとき射殺されるというのです。これはかなり抵抗を感じましたが、考えてみると、歩兵銃一梃で会敵したとて戦えるはずがありません。かならずやられます。武装していなければ、捕らえられることですみますからね。

軍曹は、自ら投降してゆくことの恥を、がまんできなかったのでしょう。むしろ丸腰なら、捕らえられても気が楽だと考えたのではないでしょうか。事実、私は、食糧さがしにジャングルのほうへいったとき、丸腰のため殺されずに捕虜になったのです。軍曹？　彼はやはり自決しました。二五歳でしたが」

テニアンの戦闘が終結したとき、米軍に収容された民間人は日本人九五〇〇名、朝鮮人労務者二六七九名、捕虜三一三名、計一万二四九二名であった。

●玉砕の島⑩——ペリリュー島

海中伝令、死の海六〇キロを渡る

パラオ諸島は中部太平洋の中でもっともフィリピンに接近した島である。この中のペリリュー島には、日本軍が建設した飛行場が島の南端にある。中距離機や戦闘機がフィリピンの上空を制圧するにはもってこいだ。米軍のペリリュー攻略の目的はそこにあった。しかも小島である。だがこの小島は米軍の出血を強要する不死身の島であった。日本軍の組織的抵抗が絶えた後、ゲリラ化した日本兵の反撃が終戦後まで続いた。

●米軍進攻日＝昭和十九年九月十五日　●米軍兵力＝約四万二〇〇〇名

●日本軍兵力＝一万四六八名　●玉砕日＝昭和二十年一月十八日

●生存者＝四四六名

ニミッツ大将を嘆かせた要塞の島

中部太平洋に大攻勢をかけてきた米軍は、昭和十九年七月にサイパン、テニアン、グアムの主要三島をほぼ手中におさめると、勢いに乗ってその矛先《ほこさき》を、マリアナの南方、パラオ諸島に向けてきた。

日本軍守備隊約一万のペリリュー島に、米軍が四万二〇〇〇の大軍を投じて上陸を敢行してきたのは九月十五日の早朝である。四日もあればペリリューの日本軍は玉砕して占領できるだろう、とタカをくくっていた米軍は、その日以来、痛烈な日本軍守備隊の猛反撃をうけて死傷者は続出し、恐怖のどん底に投げこまれながら、じつに三ヵ月にわたる悪戦苦闘を強いられる結果となったのである。

太平洋方面最高指揮官のチェスター・W・ニミッツ大将は、

「ペリリューの複雑きわまる防備に打ちかつには、アメリカの歴史におけるほかのどんな上陸作戦にも見られなかった最高の戦闘損害比率（約四〇パーセント）を甘受しなければならなかった……」

と彼の著書『The Great Sea War』に告白しているほど、ペリリュー戦での米軍の出血は大きかった。

ペリリュー島は、パラオ本島から直線距離で約四五キロ南方にあり、そのあいだに大小さまざまな百余の島々が帯状に散在している。

しかもこれらの島々の周辺にはリーフ（珊瑚礁）が何キロにもわたってとりまいているので、島の沿岸を大型の艦船が航行することは不可能である。ごく限られた特定

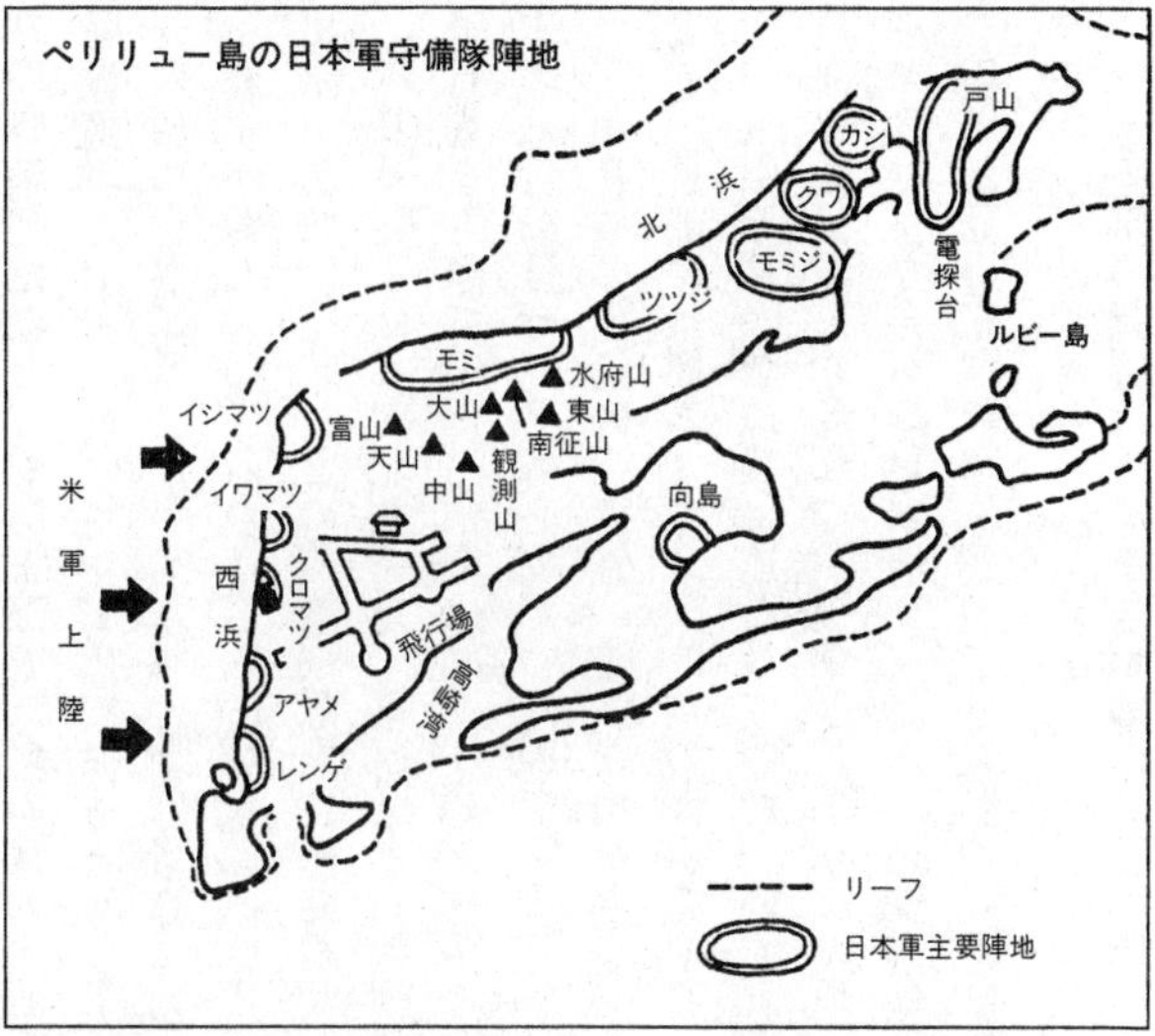

ペリリュー島の日本軍守備隊陣地

の水道しか通れないのでパラオ諸島の沿岸防御は日本軍にとって幸いしていた。

ペリリュー島守備隊が、米軍の上陸作戦に対して、水際で多大の戦果をあげることができたのも、このリーフのおかげである。

ペリリュー島の日本軍守備隊は、米軍の進攻当時、陸海軍あわせて八九九八名がいた。

陸軍は、第一四師団の派遣部隊として歩兵第二連隊（三五八八名）が主力となり、第一五連隊第三大隊（七五〇名）と、独立歩兵第三四六大隊（五五六名）、その他、師団戦車隊（一二二名）、輸送、通信、経理、野戦病院など、総勢五三五二名の兵力である。これに加えて海軍は、第四五警備隊派遣隊（七一二名）を主力に、西カロリン方面航空隊（七〇二名）、機関砲隊（二五六名）、その他、通信、工作、設営隊など、合計三六四六名である。

わずか約九〇〇〇名の日本軍に対して、ペリリューに上陸した米軍は約四万。さらに水上艦艇、空軍などの掩護部隊を含めた総兵力は、じつに五万近い大部隊であった。

ペリリューは、南北九キロ、東西三キロの細長い小島だが、日本軍はここに絶好の飛行場をもっていた。米軍はフィリピン攻略の有力な足がかりとするため、ペリリューの飛行場はぜひとも必要だったのである。

しかしこの小島は、意外に峻険な山をもっていた。島は、いわゆる隆起珊瑚礁だが、島の中央部には標高九〇メートルの大山を中心に、水府山、富山、天山、中山、観測山、東山などが数珠状に連なっていた。いずれも低い山だが、切り立った山襞《ひだ》や、不規則な稜線が入り乱れて、複雑きわまりない地形を構成していた。いたるところに大小さまざまな自然洞窟があり、断崖、絶壁、峡谷などが無数に連続している。

小島とはいえ、米国にとっては天然の要害に包まれた、あなどりがたい要塞島であった。

日米両軍の死闘は酸鼻をきわめた。日本軍の将兵は、地下の自然洞窟にたてこもり、断崖や岩の亀裂を利用して反撃しつづけた。

米軍の死傷者は日を追って増大した。彼らの最終的な死傷者の数は、八八四四名（戦死一六八四、戦傷七一六〇）と発表された。

これは、日本軍守備隊の戦死者数にほぼ匹敵するものであり、太平洋での島の玉砕戦で米軍がもっとも痛手をうけた最悪の記録であった。

バンザイ攻撃より有効に戦え

地獄のペリリューから九死に一生をえて帰還できた将兵は、ぜんぶで約四五〇人いる。

第二連隊の大石上等兵もその中の一人であった。彼は、往年の激闘をかえりみて、つくづくこう語る。

「生きることを切断されたとき、人間はおそろしく勇敢になるものです。おそらく自分を一個の無機的な物体であるというふうに考えちゃうんですね。生命は仮のものと考えるんです。いまの苦痛から逃れるためには死ぬことしかないと考え、死に向かって直進するんですよ。

そりゃあ悲しいもんです。頭の中では、自分がどんな死にざまでぶっ倒れるだろう、死んだあとはどんな姿になるだろうかと、その思いがこびりついてね。死を覚悟したものには悟りがある、といいますけど、そんなものあるもんですか。自分を断ち切るために、殺伐な、追いつめられた絶望の情念が渦巻くだけです。そのときは狂気ですよ。自決する勇気も、敵陣に突入する勇気も、あれはみんな狂人の勇気なんですよ」

米軍が上陸したとき、大石上等兵の配置は西岬付近のイシマツ陣地だった。ここに配備された火砲は、口径七五ミリ九五式野砲一門と、重機関銃が一梃だけ。あとは小銃だけの歩兵が約一五〇名集結していた。

ペリリューの南西部にひろがる西浜一帯は飛行場を背景とした平坦な浜辺である。地形からみて、米軍がここから上陸してくるであろうことは歴然としていた。

守備隊は、この西浜に五つの海岸陣地を構築していた。北からイシマツ、イワマツ、クロマツ、アヤメ、レンゲと、風雅な呼称の各陣地がつづき、第二連隊第二大隊が、三つの〝マツ陣地〟を担当、アヤメとレンゲの二陣地は第一五連隊第三大隊が受け持っていた。

九月十五日の早朝、守備隊は満を持して米軍を待ちうけていた。すでにペリリュー地区隊長として指揮をとる第二連隊長中川州男大佐は、この日の敵上陸を予告していた。

午前六時、イシマツ陣地に天山の大隊本部から敵情を知らせる通報が入った。

「敵輸送船、約五〇。位置、西浜の沖一三キロ。いよいよくるぞッ」

情報は壕から壕へと飛んだ。海岸から一〇メートルほど小高い位置にあるイシマツ陣地からは、沖の敵船団は視認できない。しかし守備隊の邀撃態勢は完了していた。

日本軍は、ペリリュー守備に縦深防御法をとっていた。

まず敵の進攻に対しては、第一線の海岸陣地で極力反撃し、米軍の上陸スピードを遅らせる。ついで本格的な主抵抗線である、島内中央部の山岳陣地に敵をおびき入れ、複雑な地形を利用して徹底的に敵の出血を求める。

ここではバンザイ突撃による玉砕戦法は、無益な兵力の消耗であるとして強くいましめ、一人一人が、最後まで有効に抵抗することとしていた。

敵発見の報をうけてから一時間半たった。大石上等兵は、目前の戦車壕の一部が、過去三日間にわたる猛烈な艦砲射撃で欠壊しているのが気になっていた。戦車がきたら、難なく陣地は突破されるだろう。

「きたぞッ。敵上陸用舟艇、約三〇〇、クロマツ陣地前方のリーフに接近中」

監視兵が大声で叫んだ。一瞬、陣地は緊迫した。思わず小銃を握る手に力が入る。

このとき米軍の舟艇群は、横広の隊形でリーフに接近してきたが、先頭の数隻が、日本軍の敷設した機雷にふれ、一瞬のうちに爆沈。驚いた舟艇群はいっせいに停止した。彼らの停止位置は、海岸から約一〇〇〇メートルだ。日本軍にとって砲撃のチャンスである。

だが米軍指揮官は、すかさず後方の戦艦群に発砲を命じた。敵は、発煙弾をまじえたすさまじい艦砲射撃で、日本軍の海岸陣地や、山岳部の第二線陣地付近にものすごい爆煙をはりめぐらせた。ストップした舟艇群が射撃されないための掩護弾幕だ。このあいだに、隊形を整理した米軍は、舟艇から水陸両用車に乗りかえ、リーフを乗り越えて海岸に殺到してきた。

これに対して陸上の洞窟陣地から狙いさだめた砲弾の雨が降りそそぐ。つぎつぎに命中弾を浴びて破壊炎上する水陸両用車のまわりに、迷彩服を着た米兵の死体がごろごろ浮かんだ。

殺ることしか念頭になかった

ふと、敵の艦砲がとだえたのを知って、大石上等兵は壕から頭を上げた。そのとたん、彼はアッと声を上げた。すでに上陸した米兵が、いましもこちらに向かって前進してくるではないか。距離は三〇メートルとない。

「撃て、撃て、敵襲ッ。撃ちまくれッ」

だれかが大声でわめいた。悲鳴に近い声だった。大石上等兵は夢中で射撃した。狙い撃ちなどできなかった。そんな余裕などない。彼は敵影に銃を向けるなり引き鉄《がね》を引きつづけた。興奮していることが自分でもわかる。彼は、あせるな、あせるなと自分にいい聞かせるのだが、どうしても指があわただしく動いてしまう。

このとき後方から、砲兵隊が猛然と砲撃を開始した。彼はようやくほっとした。味方の野砲、迫撃砲の弾音が前方へ飛んでゆく。いい音だ、と彼は思った。

この緒戦で日本軍は、敵の上陸用舟艇六十数隻、シャーマン戦車三両、水陸両用車二六両を破壊し、兵員約一〇〇〇名以上に損害をあたえたのである。それにもかかわらず、後続の米軍は勇敢に上陸してきた。

ついに彼らは、イシマツ陣地からアヤメ陣地にわたる海岸に上陸を成功させた。この上陸作戦について、米軍の支援射撃群指揮官、J・B・オルデンドルフ海軍少将は、

「上陸準備の砲爆撃は、当時、もっとも完全で、従来のいかなる支援よりもすぐれていると思っていた。しかし日本軍の掩蔽壕《えんぺい》からの火砲が、米軍の水陸両用車に射撃を開始したのを見たとき、私の驚きと残念さがどんなものであったか、十分に想像されるであろう」

と回想している。

日本軍の反撃は、米軍の予想をこえてはるかに激烈だった。イシマツ陣地付近に上陸した米兵は、浜辺を突進してくると、陣地直前の戦車壕の中にもぐりこんで対峙した。まごまごしていると、戦車壕がそのまま米軍の橋頭堡になりかねない。

天山の砲兵隊に砲撃してもらおうにも、通信線がズタズタに切られて連絡ができない。そこでシェパード犬が放された。だがその連絡犬も、敵砲撃の直撃弾をうけて首が吹っ飛び、木の枝にひっかかる。つづいて二番手の連絡犬を走らせる。ようやく二頭目が連絡に成功し、五、六分後に、みごとな迫撃砲の集中砲火が戦車壕に炸裂した。もうもうたる砂煙が消え去ったとき、壕内の米兵はほとんど全滅していた。

守備隊は、後退をはじめた残敵に小銃射撃の追い撃ちをかける。米軍は情況の不利をさとり、煙幕を張って負傷兵を担架で後送、同時に、発火点をさとられた天山の砲兵陣地に、米軍は正確な艦砲射撃を撃ちこみはじめた。

いまや、米軍が上陸した海岸の全戦線にわたって、日米両軍は白兵戦をまじえた接近戦を展開していた。

「陣地を守りぬけ、一歩も退くな」

「撃ち殺せ、やっつけろッ」

　怒号が乱れ飛び、兵は全力で小銃を撃ちまくった。接近した米兵に手榴弾を投げる。米兵も投げ返す。壕内には急に死傷者がふえていった。米軍はさらに新手をくりこんでは果敢に攻撃してきた。すでに敵は陣前一〇メートルにまで迫っている。もはや戦場は、敵味方入り乱れての殺し合いだった。

ペリリュー島の全景。日本軍の組織的戦闘の終了後に撮影されたもので、飛行場はすでに整備されている。

「よしっ、俺がひと稼ぎしてきてやる」

　剣道二段の小高曹長は叫ぶと、軍刀をぬくなり猛然と壕を飛び出した。

「危ないッ、もどれッ」

　声があとを追う。だが曹長はすばやく匍匐前進すると、前面に立ち上がった米兵におどりかかり、一刀のもとに首を刎《は》ねた。

「やったッ！」

その瞬間、爆発音が起こり、曹長はのけぞった。首を斬られた米兵の握っていた手榴弾が炸裂したのだ。

もはやどこが敵陣なのか見分けがつかない乱戦であった。大石上等兵はなにも考えなかった。ただひたすら、敵を殺《や》ることしか念頭になかった。彼は味方の兵が壕から躍り出るのに引きずられて突撃した。目前の窪地に伏せていた米兵が、負傷しているのか緩慢に動いた。その肩口に彼は、力まかせに銃剣を突き立てた。血潮を吹き出して倒れた米兵は黒人兵だった。

陣地前の海岸には、敵味方の戦死者が累々と横たわっていた。敵の死体の上に味方が折り重なり、その上にまた敵兵が倒れていた。その中での両軍の殺し合いは、まさに凄絶をきわめた。

中隊長の捨て身の肉弾攻撃

翌十六日、戦闘はいっそう苛烈をきわめた。アヤメ陣地を突破した米軍は、戦車一〇両をともなって飛行場の北方建物付近まで進出してきた。兵力は約二個連隊という大軍だ。イシマツ陣地は、西と南から挟撃されるかたちとなった。

いまは戦車の援軍もなかった。すでに師団戦車隊は、前日の飛行場の攻防戦で全滅していた。

米軍はその巨大な圧力で、頑強に抵抗をつづけるイシマツ陣地をひねりつぶそうと前進を開始した。そこへ、天山、大山方面の日本軍砲兵がいっせいに集中砲火を浴びせた。

一〇センチ榴弾砲と七五ミリ野砲、それに中迫撃砲弾が米軍の頭上に落下した。吹き上がる爆煙とともに米兵が空中に舞う。だが、砲撃は長つづきしなかった。数分後には、はるかな海上から敵戦艦群の艦砲射撃がはじまり、日本軍の砲陣地は一つまた一つと沈黙していくのだった。

イシマツ陣地では、じりじりと接近する敵戦車に色を失っていた。そのときである。

「よし、俺がかたづけてやる」

中島正中尉はそういうと、いきなり黄色爆薬をかかえて、敵戦車めがけて走り出した。

「中隊長、もどってください」

大石上等兵は絶叫した。つづいて部下の悲痛な叫びが前後して中尉を追った。だが中島中尉はそのまま突っこんだ。先頭の敵戦車は擱座した。だが中尉の姿も粉々に散った。

陣地は絶望的な状態となった。戦車がこのまま突入してきたら、おそらく守備隊は全滅したことだろう。だが、中尉が見せた捨て身の爆薬攻撃に恐れをなしたのか、敵戦車は陣地に進入してこなかった。

そのかわり、狙い撃ちの戦車砲弾に加えて雨のように機銃弾が降りそそぐ。壕では、無傷の者は数えるほどとなった。ほとんどの将校が戦死し、大隊長の富田少佐も重傷を負っていた。

陣地直前、十数メートルのところに、低い堤防のような遮蔽物が横に伸びていた。日米両軍は、この堤防を境にして、手榴弾を投げ合う白兵戦となった。このとき、大山の連隊本部から、全滅寸前のイシマツ陣地に、第二線への撤退命令が出されたのである。

しかし、おびただしい負傷兵をかかえて、陣地を包囲した米軍を突破することはできない。負傷者をそのままにしておけば、どうせ米兵になぶり殺しにあうだろう。それなら、と銃口を口にくわえ、足で引き鉄を引いてみずから命を絶つ者が出てきた。自決を止める者はいなかった。動けない者は、自分で自分を処理するのが日本軍の習慣であり、掟であった。しかし、それすらできない重傷者は、処理を戦友にたのむしか方法がない。

「殺《や》ってくれ、友軍の手で殺ってくれ……」

苦しい息の下から、彼らは申し出た。

願いはかなえられた。重傷者を収容している壕の中に、手榴弾の束が投げられた。轟然と吹き上がる白煙とともに、ちぎれた手や足が飛び散った。見つめる兵たちは涙を流し顔をそむけた。

瀕死の声で歌う『海征かば』

自決者が続出するなかで、大石上等兵は水戸でともに第二連隊に入隊した同年兵の安田上等兵をかかえていた。安田は、腹部に破片をうけてかなりの重傷だった。しかし声はしっかりしていた。

「大石よ、俺を助けてくれ、いっしょに撤退させてくれ、こんな傷すぐに治るさ、な、頼む……」

だれが好んで、死にたいものがあろうか。生きるために戦い、生きるために撤退するのである。大石は安田上等兵を見捨てることができなかった。

「よし、まかせておけ、いっしょに撤退しよう」

安田の顔に喜悦がみなぎった。

「すまん、手をかしてくれ」

彼は自分の脇腹を指でさした。衣服が破けて、口を開けた傷口から白っぽい腸がはみ出ている。大石は自分のバンドをゆるめると、千人針の腹巻を引っ張り出して安田の腹に巻きつけてやった。

すでに生存兵たちは、第二線陣地の富山に向かって撤退を開始していた。大石は、安田を横抱きにかかえると壕を這い出した。

しかし、富山にいたる一キロほどのあいだには米軍が展開していた。そのあいだを突破することは不可能にみえた。しかも前方の富山はもちろん、その右手につながる天山も、米機の猛烈な爆撃を受けている。

第二大隊の撤退兵たちは、その様子を見て第二線陣地への脱出をあきらめ、海岸にもどって北方のモミ陣地へと撤退先を変更した。

ひとあし遅れて脱出した大石ら二人はそのことを知らなかった。彼らは富山に向かって一メートル進んでは伏せ、また一メートル這っては動きを止めて、展開している米兵の間隙を縫いながら前進をつづけた。蒼白となった安田は、歯を食いしばって苦痛と戦いながら、大石に引きずられるままになっていた。

「だいじょうぶか？」

大石の問いに、安田はかすかにうなずくだけだった。かなり弱っているな、と大石は思った。このまま蝸牛のような撤退をつづけているこのさい不憫だが、安田を放置して自分だけでも洞窟に逃げこもうか、と彼は考えた。しかしできなかった。何度もそう思いながら、彼は安田をかかえて這いつづけた。

ようやく日が沈むころ、彼らは山の麓にたどりついた。どこで進路をまちがえたのか、そこは富山ではなく天山だった。

大石上等兵は、山襞にさしかかったところで安田を背負い、岩を登った。爆撃と砲撃でかなり山容が変わっていたが、彼は自然洞窟を利用した工兵隊の壕にたどりついた。壕内もまた、負傷兵であふれていた。

「着いたぞ、安田、さ、水を飲め」

彼は、三分の一ほど残っている水筒を安田の口元に差し出した。ペリリューでは水は食糧より貴重だった。水源のない島では、水は天水にたよるしかない。兵たちは、小銃を失い弾薬がつきようと、水筒だけは絶対に手放さなかった。大石も、のどはカラカラに乾いていた。だが、がまんできるうちは口をつけなかった。

なかば意識を失いそうになっていた安田は、一口うまそうに水を飲むと細い声でいった。

「すまん……俺はもう、ダメらしい」

「なにをいうか、元気を出せ」

とはいったものの、安田の顔にはすでに死相がただよっていた。腹部の出血はおびただしく、人間の体からこんなに血が流れ出るのかと思われるほど、着衣がぐっしょりと濡れている。

「頼む、最後の頼みだ……俺を殺してくれ……」

苦しさのあまり、安田上等兵はすがるように頼んだ。もはや手当てをしても無駄なことは、だれの目にも明らかである。壕内の工兵伍長が、大石に目顔でうなずいた。銃殺すると決まったとき、安田上等兵は寂しく笑った。そして急に、瀕死の重傷者とは思えないしっかりした声で『海征かば』を歌いだした。

しずまりかえった洞窟陣地に、安田上等兵の歌声がしんしんと響いた。横たわっていた負傷兵たちのうつろな目が、異様に輝いて安田に向けられた。死んでゆく者に対する感動の波が、兵士たちの上に激しく流れた。

安田上等兵は、しだいにあえぎながら、それでも最後まで歌おうと力をふりしぼっていた。だが、とつぜん声が細くなると、歌い終わる寸前でコト切れた。

その夜、イシマツ陣地を撤退した第二大隊の残存兵は、モミ陣地の兵力と合流し、西海岸沿いにアヤメ陣地を目指して夜襲を敢行した。

しかし米軍の真昼のような照明弾と、張りめぐらした鉄条網にさえぎられて夜襲は失敗した。大隊の兵力は大幅に失われ、わずかに五〇名たらずの残存兵が夜陰にまぎれて後退した。これ以後、ペリリューの戦いは、中央山岳部の洞窟陣地にたてこもってのゲリラ戦へと移行する。

大石上等兵は、洞窟陣地から毎夜のように斬りこみに出撃した。天山の山上には、米軍が鉄条網を張って占拠している。米兵は、昼間は頂上から山腹の壕をめがけて攻撃してくる。しかし横穴式の壕はビクともしない。ついで夜になると、こんどは日本軍が逆に頂上を攻撃するというシーソーゲームのくり返しだった。だが斬りこみのたびに、少しずつ兵力が消耗していった。

戦況悪化、揺れる師団司令部

そのころパラオの師団司令部では第一五連隊長の福井義介大佐が、第一四師団長の井上貞衛中将にペリリュー逆上陸の意見具申を強くおこなっていた。

「軍旗を先頭に連隊主力が逆上陸すれば、米軍を撃滅することも可能です。ましてわが連隊の第三大隊が奮戦している今日、連隊主力がおめおめパラオに安住してはおれません。すみやかに増援出撃させてください」

満州から師団が南進するさい、第一五連隊は師団の海上機動部隊に指定されていたし、それなりの訓練がなされていた。福井連隊長の意見具申には正当性がある。それに、米軍上陸の緒戦に一個連隊を投入すれば、その効果の大きいことも判然としていた。

だが、この意見に師団参謀長の多田督知大佐が反対した。

「いま一個連隊を増援輸送するだけの舟艇がたりない。それに制空・制海権はまったく敵手にあり、海上機動の可能性も疑問に思う。米軍がペリリュー上陸に引きつづいてパラオ本島に進攻してくる可能性も大きい。ここで一五連隊主力をペリリューに投入することはアブハチとらずになりかねない」

多田参謀長は、切れることカミソリのごとし、と評されている有能な軍人である。たしかに一五連隊主力が無傷でペリリューに上陸したとしても、大発で輸送する戦力では、局地的に勝利を得ても大勢をくつがえすことはおぼつかないだろう。

とはいえ、隷下の第三大隊を派遣している福井連隊長にとっては、一刻も早く部下と合流してともに戦いたいという気持もよくわかる。万々が一にも、増援逆上陸が大成功する可能性もなしとしない。

井上師団長は、両者の議論を聞きながら迷っていた。

逆上陸是非の議論は、連日、師団司令部でたたかわされたが、いっこうに結論が出ないまま日は過ぎていく。

師団司令部からの増援の問い合わせ電報に対して、十九日に、ペリリューの守備隊長、第二連隊長中川州男大佐から情況報告とともに逆上陸無用の反対電報が入電した。

すでに激闘は島の中央部の山岳地帯で展開されているうえ、組織的戦闘は不可能となり、もっぱら守備隊は夜間の斬りこみと肉攻によって敵を阻止している状態であった。

そのうえペリリューの周辺には、米空母七隻、戦艦三～四、駆逐艦一九、輸送船一九、その他小艦艇一五隻がとりまいている。

蟻の這い出るすき間もない厳しい警戒態勢の中に逆上陸を敢行することは、それこそ火中に飛びこむようなものである。「ペリリューに兵力をそそぎこんでも無駄である」と中川大佐は強いことばで打電してきた。

この前日の十八日、ペリリューの南地区を守備していた一五連隊第三大隊は、米軍約一個連隊の攻撃をうけ、勇戦敢闘したがついに力つきて潰滅。南端の南島半島に追いつめられていた大隊主力も、歩兵第一五連隊の名誉にかけて決死敢闘したが全滅。ついに十五時二十分ごろ、奥住中尉以下生存将校一六名が爆薬をもって自決し、一部のものは断崖から身を投じて玉砕したのであった。

第三大隊がすでに玉砕して一兵も残存していないことなど、パラオ本島の福井連隊長には知るよしもなかった。

胸を裂かれる思いで第三大隊の無事を祈りながら、なおも激しく敵前逆上陸を司令部に主張しつづけていた。

急転、逆上陸に決す

ペリリューの情況は悲観的なものであったが、一週間を経過しても米軍の進展ぶりはまことに遅々としていた。反面、守備隊からの戦況報告は活気に満ちたものがあった。

「米軍はわがペリリュー守備隊の勇戦により疲労困憊し、ことに砲爆弾の欠乏に悩んでいることは確実であり、もっぱら新鋭戦力の来着を待っている模様なり」

「米軍の戦意もようやく衰え、戦車もわが軍の肉攻に恐怖し、退避に努めている」

との電報がぞくぞくと入電してきた。

この情況から、作戦会議はにわかに逆上陸敢行の声が高まった。しかし多田参謀長はなおも強く反対していたが、その声には力がなかった。

できることなら逆上陸をやらせたい、との気持が参謀長の胸の中にもあった。しかし失敗であっても援軍を送りこむことは、現地守備隊の士気を高揚し、米軍に出血を強要する効果はある。

そうした思いがかすめて、参謀長の反対意見もおのずから迫力を欠いていた。

「情況を見るに、いまやペリリューはあと一押しで米軍を完全に敗退にみちびき、これを陸岸から駆逐することも可能である。師団は敵の頽勢に乗じ、その増援が来着する前に、まずペリリューの敵を殲滅すべし」

と、ついに井上師団長は断を下した。福井連隊長の顔に喜色がみなぎった。

だが、師団長の決断は、逆上陸部隊は第一五連隊全員ではなく、同連隊の第二大隊だけだということであった。

二十一日の夜、急転直下、逆上陸敢行の決定が下され、第二大隊はわき返った。

「逆上陸が決まったぞ」

「いよいよペリリューになぐりこみだ」

「上州男児の底力を見せてやるぞ」

第二大隊は即日、逆上陸の資材準備にとりかかった。大隊長の飯田義栄少佐は隊士四六期、茨城県出身で、ペリリューの第二連隊出身であった。

いま逆上陸して第二連隊と合流することはいわば出身連隊にもどってともに戦闘することとなる。少佐の意気にまさに天を突く勢いがあった。

飯田大隊は歩兵三個中隊、砲兵一個中隊、作業小隊、工兵一個小隊、通信一個分隊、その他衛生隊の一部という編制で、総兵力七八五名である。このうち先遣隊として、村堀利栄中尉の率いる第五中隊と工兵小隊、総員二一五名が二十二日の夜十時三十分に、大発五隻、小発一隻で、パラオ本島南端のアルミズ栈橋から出撃していった。

残りの大隊本部、四中隊、六中隊は、それぞれ行動を秘匿するために出発地を三ヵ所に分散し、隠密行動で出撃することになった。

砲兵中隊の奈良四郎少尉は、飯田少佐の率いる第二艇隊に編制されることになった。

第二艇隊は大発五隻、それに水先案内役の海軍小発一隻に、大隊本部、砲兵中隊、作業小隊、通信分隊が積載されることになった。

「砲はぜんぶもっていこう」

飯田少佐の命令で、奈良少尉は九四式山砲二門、四一式山砲四門の計六門を大発に

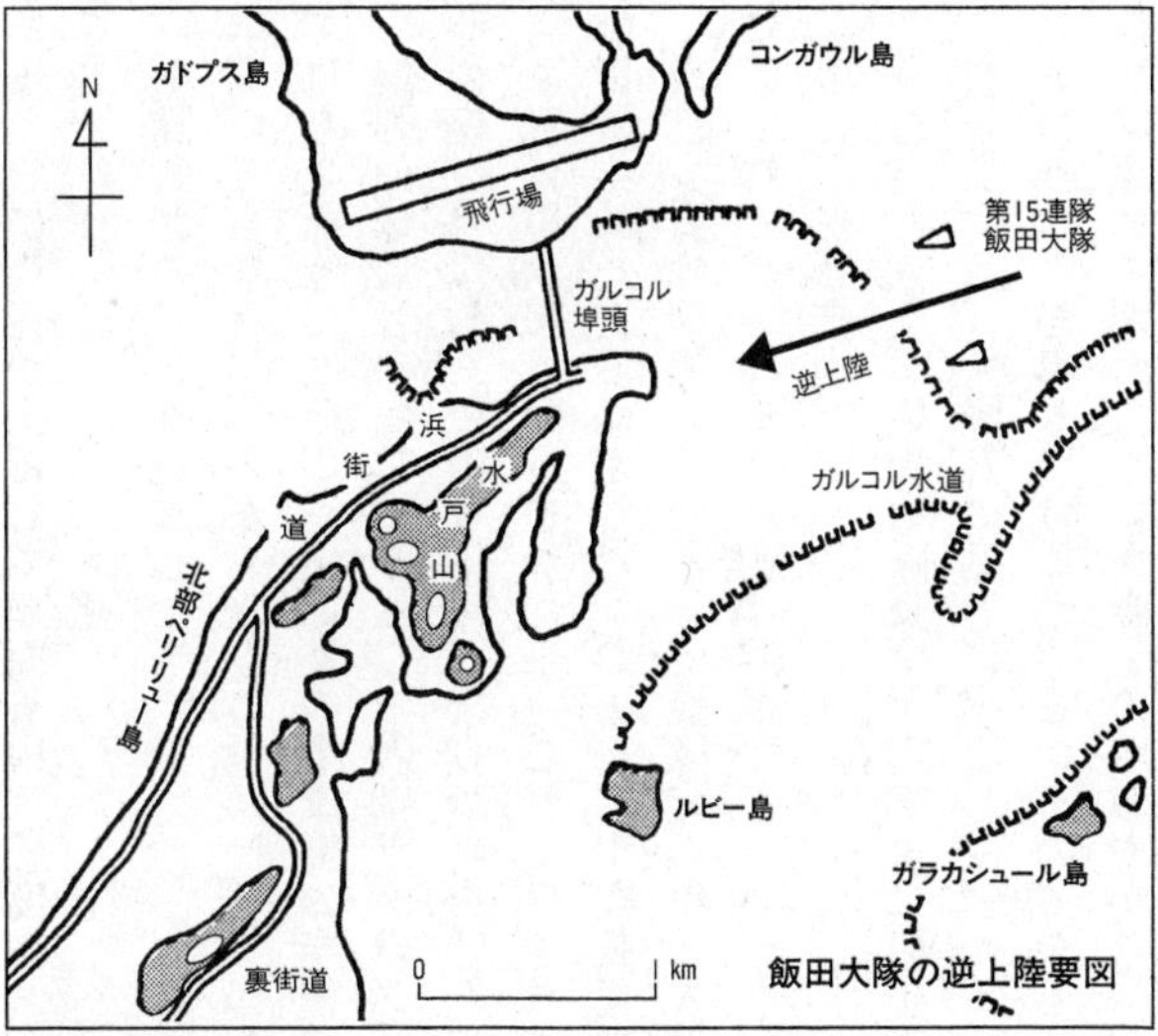

飯田大隊の逆上陸要図

積みこんだ。

一号艇は水先案内の小発、二号艇は指揮艇で飯田大隊長、軍医、主計、大隊本部、砲兵指揮班らが乗り組み、奈良少尉は大隊長と同乗することとなった。砲は各大発の二号艇以上四隻に一門ずつ積載し、三号艇だけに四一山砲と九四山砲の二門を積みこんだ。

先遣隊が出撃した翌二十三日、第二艦隊は同じアルミズ桟橋から夜八時に出撃すべく、同行各隊に指示が下されていた。

ところが、出発直前になって二つの問題が生じた。砲兵中隊を指揮していたM中尉の様子がおかしいので

ある。急に震えが出だして顔面蒼白、態度がおどおどしている。奈良少尉が気がついて、

「中隊長どの、どうしました？」

聞いてもロクに返事ができない。マラリアかな？と少尉は考えたが、どうも病気ではなさそうだ。そこへ定期便の米軍機の空襲がはじまった。

爆弾の炸裂音がはじまると、中尉はガタガタと膝をふるわせて両手でかかえこむ。その姿を目撃した飯田少佐は、奈良少尉を呼んでいった。

「あれは臆病風というやつだよ。これでは連れていっても役に立つどころか、兵に悪い影響をあたえるばかりだ。おまえ、中隊長代理として指揮をとれないか？」

奈良少尉は剣道の達人として連隊でも第一人者である。指揮をとれないかと大隊長に聞かれて、とれませんとは返事できない。

「はい、やります」

うむ、とうなずいた大隊長は、本部員にM中尉を病気静養中にするよう指示した。

奈良少尉は、大隊長の処置に感服した。

ふつうなら怒鳴りつけるか、ビンタの一つも張って活を入れるところだが、大事の前の小事にこだわらない大隊長のさわやかさに、彼は感動した。

「戦場ではよくあることだよ」

そういうと大隊長は平然として南の空をにらんだ。宵闇《よいやみ》が深くなるにつれて、水平線上の一ヵ所だけが、燃えるような無気味な輝きを増してくる。ペリリューの火だ。

栈橋には、戦闘資材を積載した五隻の大発が、出発命令を待っていた。そこへ、

「大隊長どの、作業小隊が未着です」

輸送隊長の金子啓一中尉が、大声で報告した。時計の針は二十時を指したばかりだ。さっと緊張が流れた。

ペリリューの友軍を早く救援したい

アルミズ栈橋では、夕方から降り出したシトシト雨が舟艇群をおおっていた。

作業小隊未着の報告に、大発に乗艇していた兵たちがいっせいに栈橋上の飯田大隊長を見つめた。明らかに不安と焦燥に満ちた目の光だった。

二十時出発に決定したのは、ペリリューに至る水道の潮の干潮時を正確に計算したうえでのことであることは、何度も海上機動訓練で航行していた兵たちには分かりすぎるくらい分かっていた。

「どうしましょうか、おいていきますか？」

輸送隊長の金子啓一中尉は、立ちつくす飯田少佐にたずねた。

「いや……待とう」

少佐は凛《りん》とした声でいった。

飯田大隊長にしても、出発が十分遅れればそれだけ情況に変化が生じてくることは知っていた。しかし一人でも多くの部下を連れていきたい心情は強かった。作業隊はいちばん遠い山奥を守備地点としていた。加えて米軍機の夕方からの爆撃が激しくて、そのために来着が遅れているのだろうと少佐は考えた。

それにもう一つ、少佐が待つことにした大きな理由があった。逆上陸には、屈強の兵員だけを選んで出撃する予定で、軽患者をパラオ本島に残すよう指示したところ、残留者に指定された兵たちの中から手榴弾で自決をはかったものが出たのである。一人は爆撃で負傷した上等兵で、もう一人は盲腸で野戦病院に収容されていた曹長であった。

連隊が決死の出撃をしようとするとき、おめおめ残留することに耐えられぬ恥を覚えたのであろう。いちずに思いつめているこうした兵たちを、少佐は見捨てることができなかった。彼は指示を撤回すると、全員出撃を改めて下令したのである。

十分たち、二十分過ぎた。しかしまだ作業小隊は現われない。兵たちはジリジリしていた。大発の中で足ぶみするものがいる。猪突猛進を身上としている上州兵にとって、待つということは苦痛だった。

それとは別に、奈良少尉は内心、大隊長の処置を疑問に思っていた。戦場での一瞬の逡巡は、結果を大きく左右するものであり、ためらいは指揮官にとって禁物である、と彼は予備士官学校でさんざん教示されていた。

『悪い結果にならなければよいが……』

少尉もまたイライラしていた。そこへ、

「作業小隊がきましたッ」

陸上の哨兵の声とともに、汗でズブ濡れになり、全身泥まみれとなった作業隊員が、息をはずませて駆けこんできた。

「なにをボヤボヤしていたかッ」

金子中尉が怒声を放った。だが、飯田少佐は彼らにひとこと、

「ご苦労」

というと、敏捷に大発に乗艇した。

出発時刻を三十分遅れて、第二艇隊は爆撃で破壊されているアルミズ栈橋から出撃していった。兵たちはホッとした。いよいよペリリューで激闘している友軍を救援す

るのだ、という気迫がみなぎっていた。

不運！　上陸直前の座礁

六隻の舟艇は、エンジン一五〇〇回転、六ノットの速力で南下していた。この航路は、昨夜出撃した先遣隊の第一艇隊が突破していった道である。

すでに先遣村堀中隊は、無事ペリリュー北端のガルコル北埠頭に上陸、大山の第二連隊本部に合流したことが伝えられていた。

その村堀中隊が、ペリリュー島二キロの地点で、米軍の警戒艦に発見され、艦砲射撃をうけたことも知らされていた。

「本隊も砲撃されるかもしれん。しかし村堀隊の上陸が成功しているのだから、とにかく突っこんでいこう。断じておこなえば鬼神もこれを避《さ》く、というからな」

飯田少佐はご機嫌だった。にんまりと笑みをたたえて二号艇の舳先に立つと、ペリリュー上空の赤い空を見つめた。

アラカベサン島の西端を回って南進するころ、シトシトと降りつづいていた雨が上がった。しかし海は荒れていた。舷側にぶつかる波を蹴立てながら、舟艇群は一本棒となって快調に走っていた。

各艇の間隔は一舟艇を保ち、完全無灯火で闇の中を突き進む。やがて細長いウルクタープル島西南端の狭いガムドコ水道をすりぬけると、一八〇度方向のゴロゴッタン島に針路を向けた。

海上ではなにごとも起こらなかった。ただちがうのは、いつもなら全速八ノット出るのに、砲や弾薬を積んでいるので足がやや遅いことだった。

まもなく進行右手にクジラが浮かんでいるような鯨島を過ぎると、その南にお椀を三つ伏せたような三ツ子島が見えてきた。この島は無人だが、海上機動の補給地として、兵たちにはなじみの島だ。

三ツ子島を過ぎると前方にゴロゴッタン島が迫ってきた。ここからリーフがペリリューまで波の下にかくれてつづいている。

リーフの縁にそって針路を南西にとる。いわば魔の海域だ。うっかり航路を誤ると、浅いリーフが大発の舟底を嚙むことになる。幸い、リーフの縁にそって、航路を示す竹棹を立ててあるので、それを目印に舵をとればよい。先頭を行く海軍の水先案内は、目を皿のように見開いて、暗い海面を凝視する。

第二艇隊は、明けて九月二十四日の零時四十分ごろ、ペリリュー島の北方二キロ、ガラカシュール島の西方水路にさしかかった。

あと一息でペリリュー島である。だがここから水路はきわめて困難な形状をしていた。東西から迫ってきたリーフの中央付近の水路は、満潮時でも、ようやく大発が通れるほどの深さと幅しかない。

まして出撃時間が三〇分遅れたために、洋上はすでに退き潮時にさしかかり、航路をとるのがいっそう難しくなっていた。

「気をつけろよッ。オモ舵ッ、こんどはトリ舵ッ！　もどせえーッ」

先頭のパイロットは必死に叫ぶ。後続の舟艇群も、前の艇の動きに合わせて微妙な舵さばきに神経をとがらせていた。

だが、心配していたことがついに起きた。先導していた海軍の小発が、リーフに乗り上げてしまったのだ。ザザーッと鈍い音がして、舟底がリーフを噛むと、進んできた惰力で珊瑚礁の棚に艇を乗り上げた。

「しまったッ」

うしろをふり返ると、後続の大発は衝突を避けようと右へ左へ舵をとる。それがいっせいに、両側のリーフへつぎつぎと乗り上げていった。船舶工兵が、必死になってスクリューを逆回転するが、岩を噛んだ艇はビクとも動かない。

奈良少尉はとっさに、水先案内を海軍にまかせるべきではなかった、とホゾを噛んだ。むしろ陸軍のほうが、何回も海上機動訓練で往復しているので水路の情況は知っていたし、それに水路拡張のためにたびたびダイナマイトで爆破しているため、リーフの姿や暗礁の位置まで熟知していた。

「全員、下船して艇をもどせッ」

少尉は叫ぶとまっ先に海中に飛び降りた。リーフの上に立つと、海面はちょうどアゴの下だった。満潮時なら二メートルの深さはある。すでに潮は退きはじめていた。

「急げ、ぐずぐずするなッ」

乗艇していた兵が全員海に降りて艇を押すのだが、リーフに食いこんだ舟底はガンとして動かない。砲、機銃、弾薬の重みと、干潮のために浮力を失った大発は、人力をつくしても離礁しようとはしなかった。海の中で、第二艇隊の全員が悪戦苦闘しているうちにも、水位はしだいに下がってますます艇は動きがとれなくなっていく。焦りが指揮官たちの顔に現われていた。

間違ってガドブス島に上陸

完全に離礁不能と見てとった飯田少佐は、

「全員、ただいまより徒渉《としょう》上陸する。ペリリュー島に前進せよ」

と下令した。

兵たちは、それぞれ所定の兵器をかつぐと海中行進をはじめた。だが、機銃隊や砲兵隊の兵たちは、自分たちの武器をなんとかして運ぼうと、艇にとりついていた。

そこへ突如として、シュルシュルッと大気を破る音とともに、いきなり頭上にまばゆいばかりの光線が走った。

一瞬のうちに洋上は真昼のように明るくなった。照明弾だ。つづいて東方洋上、約二キロの地点から、パッパッと閃光が放たれたと思う間もなく、座礁した舟艇群の周囲にすさまじい轟音とともに水柱が立った。

「敵の艦砲射撃だッ。全員艇から離れよ」

各艇の指揮官が大声で叫んだ。

しかし兵たちは離れようとしなかった。ようやく大発から山砲をリーフ上に引きずり下ろした砲兵たちは、海中で重い砲を移動しようと苦闘していた。そのそばを、一箱に三発入っている弾薬箱を背負った兵が、潮水を飲みながら運搬していた。

艇側では、船舶工兵たちの必死の離礁作業がつづけられていた。

「離れろ、離れろッ」

指揮官の絶叫にも彼らは耳をかそうとしなかった。陛下の武器を、彼らは己れの命

ペリリュー戦において、直撃弾によって砲塔をとばされた第14師団戦車隊の九五式軽戦車。戦車隊は米軍上陸後まもなく、飛行場付近の戦闘で潰えた。

よりも大事にしていた。

　洋上の敵は駆逐艦だった。ガラカシュール島のリーフの外側から発砲する砲弾は、しだいに精度を高めてくる。

　ついに一隻の大発に命中弾が炸裂した。一瞬のうちに艇は四散し、舷側にとりついていた兵たちは吹き飛ばされた。

　砲弾は、海中を逃げまどう兵たちの中にも落下した。背に負った弾薬箱が誘発し、周囲の兵たちがばたばたと倒れた。敵駆逐艦の周辺にいた舟艇から、機銃弾が掃くように射撃されている。

　わずか二キロの目前でありながら、飯田隊は一弾も反撃することができず、ひたすら避退するしか方法がなかった。つぎつぎと大発は破壊炎上していく。その中で二隻の大発だけが、離礁に成功してペリリューへとひた走っていった。

奈良少尉は、大隊長にしたがって海中を泳ぐように徒渉していった。頭上にあがる照明弾の閃光、そして消えたときの暗闇が交互につづく中で、彼らはすっかり目がくらんでいた。しかし目前に見える黒い島影をたよりに夢中で海を渡りきり、ようやく上陸してみたが、なんだか様子がちがう。

「大隊長どの、これはペリリューじゃありません、ガドブスです」

少尉の声に、飯田少佐はガックリと肩を落とした。この島はペリリューの北側、約四〇〇メートル離れたガドブス島であった。ここには小さな滑走路があって小型の観測機が飛び立っていたが、いまは無人である。

「間違えたか。しかたない、もう一度海を渡ろう」

小休止する暇もなく、少佐はふたたび海の中に足を踏み入れた。大隊長につづくもの、わずか二十数名しかいない。敵の砲撃に四散した兵たちが、ようやく白みはじめた空の明るさで、遠く近く、海面を浮遊しながらペリリューに向かっている姿が望見された。

迫る戦車をゼロ距離射撃で撃つ

奈良少尉が、部下を率いてペリリューのガルコル埠頭に上陸したのは、夜が明けきった早朝だった。

海岸には疲労困憊したズブ濡れの兵たちが荒い息を吐きながらよろめいていた。かろうじて到着した二隻の大発から、九四式開脚山砲が二門、無傷で陸揚げされるのを見た少尉は、兵を督励して砲の移動をはじめた。そのとき、ペリリュー北端唯一の道路である浜街道を北上してくる米軍戦車が目に飛びこんできた。

「散開ッ」

少尉は大声で叫ぶと、砲一門を急速移動させて林の中に入れた。

味方は、どれだけの兵力が上陸できたのか皆目見当もついていなかった。海中を徒渉して、ようやくペリリューにたどりつこうとしたとき、艦砲は射程を延ばして海岸線に砲弾を浴びせてきた。このために、上陸寸前の兵たちが、リーフ上でばたばたと倒れた。

「もう半数以上やられたにちがいない」

奈良少尉は、砲撃で爆死していった部下たちの阿鼻叫喚の地獄絵を思い浮かべた。戦力を発揮することなく、無為《むい》に死なねばならぬ兵たちの、無念と苦悶の表情が忘れられなかった。

戦車は、道路上を蛇行しながら突き進んできた。走りながら盲目撃ちに砲を放っているのを見て、少尉は内心しめたと思った。戦車の走行中の射撃は当たらないものであることを知っていたからだ。

目前に迫ってきた戦車に、少尉はゼロ距離射撃を令した。九七ミリ砲弾が、敵戦車のどてっ腹に命中した。とたんに戦車の天蓋が吹っ飛び、キャタピラが切れて爆破炎上した。

「撃てッ！　後続のやつを撃てッ！」

少尉は興奮して叫びつづけた。

この戦車は、水陸両用車のアリゲーターであった。装甲が薄く、山砲の前ではまったく無力なものである。日本軍の上陸は歩兵だけとあなどって進撃してきたパトロール隊のようであった。

炸裂音と爆風と絶叫

戦場という非人間的な極限状況のなかでは、往々にして想像を絶することが起こるものである。

砲側で、双眼鏡を両手でかかげながら弾着観測をしていた兵長が、とつぜん悲鳴に似た絶叫をあげた。

「隊長ッ！　目が、目が、目が見えません」

少尉はふり返ってみて驚いた。顔の前に上げている手が、両手とも手首のところからすっぱりと切断されているのだ。

さらに兵の顔が異様だった。両眼がパックリと落ちくぼんで、そこから赤い紐が垂れていた。その紐の先端に、眼球がぶら下がって口の両脇でゆれているのだ。兵は叫びながら、がっくりと膝をつき、その場に倒れた。手首から、両眼から、どくどくと血が吹き出している。もはや手のほどこしようがなかった。

少尉はとっさに、右前方から突進してくるアリゲーターを発見した。正面の敵に気をとられているうちに、右前方から発砲した敵弾が兵長の顔面をすれすれに通過したのだ。

砲弾は兵長の持っている双眼鏡もろとも手首を切断し、通過弾道に生じた真空帯によって、眼球が吸い出され、飛び出たのである。

もがき苦しむ兵にかまっている暇はなかった。右前方のアリゲーターに照準すると、一弾のもとにこれを擱座炎上させた。その間に、兵は出血多量でコト切れていた。

少尉はあるだけの砲弾をすべて撃ちつくして、敵のアリゲーターを八両も擱座炎上させてしまった。

だが、そのお返しがすさまじかった。米軍は西方海上に巡洋艦を進出させて、猛然と艦砲射撃をはじめたのである。砲弾は、すさまじい音響をあげて前後左右に炸裂した。その音は、砲兵である奈良少尉にも、まったく未経験の轟音であった。

かつて満州で、すさまじい実弾訓練によって炸裂音には慣れているつもりだったが、経験をはるかにこえた強烈なものだった。満州の粘土の大地とはちがって、ペリリューは珊瑚礁の島である。地面はそのままコンクリートの大地といってよい。そのために、音響は地面に吸収されず、逆に増幅され、爆風は遮蔽物のない海岸線を突きぬけて兵を吹き飛ばすのだった。

たちまち砲は破壊され、兵は肉を裂かれ、手足はちぎれて空に飛んだ。爆風に転がされながら、兵は悲鳴をあげ、なかには恐怖のあまり号泣するものがいた。

「助けてくれッ」「死にたくないッ」

蒼白となって地面を這いずり回りながら、オロオロと逃げまどう。日本兵は剛胆だったというのは、作られた神話にすぎない。集中砲火を浴びた兵たちはどの戦場でも泣きわめいて逃げ回るものがいたといわれている。それが真の人間的な姿といえよう。

狼狽する兵を鎮《しず》めるために、奈良少尉は腰の拳銃をぬくと、

「貴様ら、落ち着けッ！」

と怒鳴りながら、空に向けて発射した。指揮官の怒声に、彼らはハッとわれにかえったように鎮まった。

駆逐艦とはちがって、二〇センチ砲弾の威力はすさまじかった。強烈な爆風を浴びて、兵たちは全身が紫色にはれ上がった。裂傷がないのに、皮膚から真っ赤な血が吹き出てくる。内出血が毛穴から流れ出してくるのだ。

奈良少尉は、両耳の鼓膜が破れていた。かろうじて左耳だけが人の声を小さく聞きとることができた。

「だいじょうぶかッ」

全身血だらけになっている兵に、少尉は大声で聞いた。その兵も鼓膜を破られていた。しかし、上官がなにをいっているのか、本能的に悟ることができた。

「だいじょうぶでありますッ」

その声も少尉には聞こえなかったが、口の動きと目の色で、彼はそれと悟った。

砲撃下を、少尉はコマ鼠のように部隊の掌握のために走り回った。落下する砲弾の爆風に、何度も少尉は地上を飛ばされた。その間に、米軍はペリリューの北端にアリゲーターを集結させ、橋頭堡を築いていた。

砲兵が砲を失うと、もはや戦うすべはまったくない。武器といえば、各自が自決用に持っている二個の手榴弾と帯剣のみである。まさに徒手空拳である。

このとき、奈良少尉が掌握していた部下は一八名にすぎなかった。ペリリューに向けてパラオを出撃したときの第二砲兵中隊は、総員一一七名だった。それが上陸時に半数を失い、さらに艦砲になぎ倒されて、いまや全滅状態に追いこまれていた。

だが、それでも戦わねばならぬ。少尉は、窪地に一八名の部下を集めると、折りから降りしきるスコールを鉄帽にうけてのどをうるおした。水は硝煙くさかった。

むしょうに腹がへってきた。だが口に入れる糧食はなにもなかった。上陸時の海中突破のとき、持っていた乾麺麭《かんぱん》は海水にひたって溶けてしまったし、舟艇が撃破されたので糧食はまったく陸揚げされていない。

「こうなったら、敵陣に斬りこんで、敵の糧秣を奪うしかないな」

少尉のことばに、兵たちの目は殺気をはらんであやしく輝いた。

海中伝令決死隊に望みをたくして

北埠頭の近くまで進出した米軍は、前線にアリゲーターを集結させて橋頭堡を築き、後方に天幕を張って駐留していた。

その夜、飢えた兵たちは、帯剣をにぎりしめて敵陣にしのびこんでいった。日本軍得意の捨て身の斬りこみ戦術である。彼らは、夜陰に乗じて敵の歩哨線をたくみに突破すると、米軍キャンプにすべりこんでいった。そして、積み上げてある糧食箱をこっそり奪取すると、音もなく後退した。彼らが去ったあとには、米軍の哨兵が刺殺されてころがっていた。

上陸第一日目に、早くも飯田大隊は全滅に近い打撃をうけていた。ペリリューの北端にとりついたものの、一歩も南下することができず、友軍本隊のたてこもる大山地区へ駆けつけることもできない。

なんのための援軍なのか、なんのための逆上陸だったのか、飯田少佐は、北埠頭付近の洞窟にたてこもって焦慮していた。

二日目も、三日目も、大隊はまったく動きがとれなかった。米軍の圧力は日とともに増大し、大隊兵力は日とともに減少していく。すでに上陸四日目の九月二十八日には、飯田少佐を中心に集結している大隊兵力は一〇〇名を割っていた。

予想外の逆上陸作戦の失敗情況は、上陸前に通信機を失っていたので、パラオの集団司令部へはまったく報告されていない。飯田大隊長の心痛はこのことにあった。

その日、奈良少尉は大隊長に呼ばれて洞窟の大隊本部に出頭した。飯田少佐は沈痛なおもちで、大隊の上陸情況を司令部に伝えるよう、伝令の任務を少尉に命じた。

「とにかくおまえがいけ、万難を排しても無事パラオに帰還して報告せよ。帰還すべき手段はなにもない。舟艇もない。島伝いに、リーフ伝いに、あるいは泳いででも帰還せよ」

そういうと、少佐はロウソクの灯の下で書いた報告書を少尉に渡した。

「いえ、伝令は他の者に命じてください。私はあくまで大隊長どのとともに戦います。たとえ玉砕するとも、私をここに残してください」

少尉は強硬に反駁《はんばく》した。

「いや、おまえ個人の生死の問題ではない。この報告と私の意見具申がとどかなければ、第一大隊が後続として逆上陸してくる。そうなれば、われわれの二の舞となって無駄に全滅するだろう。それを阻止するのがおまえの任務なのだ。いけ、帰還して報告せよ」

飯田少佐の断固たる命令に、奈良少尉はやむなく命令を受領した。すでにこのとき、将校の中で五体が無傷なのは、奈良少尉一人だけだったのである。

少尉は、この苛酷な命令を遂行するためには、少人数の伝令ではだめだと判断した。できるだけ多くの伝令を派遣して、万が一、一人でも成功することに賭けるしかない

ペリリューに上陸した米軍は、多数の戦車を動員して日本軍陣地を破壊していった。写真は島の中央部であるが、米軍の事前砲爆撃の強大さが分かる。

と考えた。だが、生き残っている兵を見わたして、彼は暗然とした。ほとんどが負傷兵ばかりだ。しかも精神的に打撃をうけて戦意を喪失したものが多かった。その中からかろうじて、一六名の屈強な兵を選ぶことができた。いずれも泳ぎに自信のあるものばかりだ。

選ばれた兵の中には、パラオで現地召集された沖縄県糸満出身の漁師五人がいた。奈良少尉は、ひそかにこの五人の二等兵たちに期待を寄せていた。ペリリューからパラオまでの六〇キロの海を泳ぎきれるのは、遠泳を得意とする彼らをおいてほかにはないように思われた。

少尉は一六名の海中伝令決死隊に、報告すべき内容を口頭でくり返し教えこみ、

暗記させた。そして、

「われわれの任務は重大である。どんなことがあっても死んではならぬ。全力をつくして生きぬき、任務を遂行せよ。たとえ一人になっても、かならず帰還して報告せよ」

と部下を激励した。

少尉は、大隊長から受領した報告書をゴム袋に入れ、戦闘帽の内側の汗どめの間に挿入してかぶり、しっかりとあご紐をかけた。

低空グラマンの反復掃射

二十八日の真夜中、一七名の決死隊は、四日前に上陸したガルコル北埠頭から海の中へ入っていった。

彼らが身に帯びている武器は、腰にくくりつけた手榴弾二個だけだった。これはあくまで、海上で米軍の舟艇に捕らえられたときの自決用のものである。このほかは、前後に振り分け装着した救命胴衣だけである。

先頭を切って泳ぐ奈良少尉は、まず眼前に横たわるガドブス島をめざした。一時間たらずでガドブスに上陸した一行は、その足でさらに隣接するコンガウル島に渡った。

ここまでは順調だった。コンガウルの北端で休息した彼らは、翌二十九日、約三キロ北方に浮かぶガラカヨ島を目標に泳ぎだした。

太陽はギラギラと輝いて海面に反射し、泳ぐものにはまぶしい。だがそれよりも、北進をさまたげる強い潮流に彼らは悩まされていた。

左右に分かれて流れる潮流の抵抗にあって彼らはなかなか前進できない。複雑なリーフの形状に影響された潮の流れだった。その潮流をなんとか切りぬけようと、彼らは右へ左へ移動しながら力泳した。

潮流に気をとられて悪戦苦闘している彼らの上に、一機のグラマンが接近しつつあるのをだれも気がついていなかった。とつぜん、激しい機銃の発射音とともに、プス、プス、プスと、海面に鋭い水煙の糸が引かれた。少尉は、

「敵機だッ、散れッ」

叫んだときはすでにおそかった。いくつかの絶叫と、断末魔のうめきが起こった。

その直後、グアッと頭上を圧する轟音とともに、超低空で飛び去る機影が目に入った。その瞬間、奈良少尉は激しい風圧を真上から受けて、凹状にへこんだ海面の底に押しつけられて息がつまった。超低空に降下した飛行機の風圧が、こんなにものすごいものであることを彼は初めて知った。

「しまった。犠牲者が出たか」

すばやく海面を見回した少尉の目に、四、五人の絶命した兵の姿が飛びこんできた。だがぐずぐずしておられない。飛び去ったグラマンが、金属音をあげながら急旋回して、真横から突っこんでくるところだった。

「もぐれっ、もぐれっ」

少尉は叫びながらもがいた。しかし固く縛った救命胴衣の紐がほどけず、彼らはいたずらに敵機の好目標となっていた。

二度目の掃射でまた犠牲者が出た。少尉の横を泳いでいた兵の背中から流れる血が、まるでヨードチンキをこぼしたように、海面を染めていた。

三度目に来襲してきたときはさらにひどかった。機銃掃射とともに突っこんできた米機は、逃げることもできない一行のど真ん中に爆弾を投下したのである。

ドドーッと上がる水柱とともに、少尉は全身を太い針金で締めつけられたような激痛を覚えた。とくに腹部の痛みがひどかった。気を失いそうになりながらも、彼は必死にガラカヨ島をめざして泳ぎつづけた。

四度、五度と、米機は執拗に反復掃射をつづけてくる。あまりの苦しさに、少尉はいっそのこと、ひと思いに銃弾に当たって死んだほうがましだ、と思った。

泳ぐのをやめて、頭をもたげていようと思う反面、いや、ここで死んではならぬ、第一大隊の逆上陸出発を食い止めるために生きねばならぬ、との思いがわいてくる。生と死との、相矛盾した想念が激しくからみあうなかで、少尉は海面をのたうち回っていた。

死への憤怒、生への渇望

日が沈むころ、少尉はようやくガラカヨ島に這い上がった。つづいて三名の兵が上陸してきた。敵機の銃爆撃で、じつに一三名の兵が海の藻屑《もくず》となったのであった。少尉は、不用意な集団行動が、大量の犠牲者を出す結果となったことに、激しい責任を覚えた。せめて救命胴衣を着用させていなければ、犠牲はもっと少なくてすんだにちがいないと悔やまれてならなかった。いまとなっては、四名の海中伝令を、是が非でも成功させなければ、死んでいった兵たちをさらに犬死にさせることになる。彼は、兵たちの流血を思わせるような赤い夕日をながめながら、頬につたわる涙をぬぐおうともしなかった。

「隊長どの、こんなものが手に入りました。米軍の携帯口糧です。これはご馳走です」

満州時代から少尉の当番兵として勤務してきた上原上等兵が、両手に四角いロウびきの包みをかかえて少尉に見せた。

「こいつがプカプカ海面に浮いとったんですよ。友軍の砲撃で沈んだ敵艦から流れ出したんでしょうな」

生存者たちは、目を輝かせて包みを破り、中からビスケットを出してボリボリかじり出した。

つい先刻、生死の境をさまよい、目の前で死んでいく戦友の姿に憤然としていたのに、いまはただ、食欲を満たすためにのみ、むさぼり食っている。これが同一の人間かと思うほどであった。

戦場という非情な世界の中でも、人間はなんと強靭なものであろうかと、少尉はしみじみ悟るのだった。

「ようし、俺は絶対に死なんぞ、どんなことがあっても断じて生きつづけるぞ」

少尉は腹の中で絶叫した。生きることへの自信が、このときほど強烈によみがえったことはいままでにないことだった。

彼もまた米軍の口糧をむさぼり食った。食ったあとで激しくのどがかわいた。彼らは、島に生えているマングローブの葉をむしってしゃぶった。椿の葉のように肉厚でバリバリしていたが意外に水分が多く、青くさい青汁だったが渇きをいやすことはできた。

ガラカヨの東方にゴロゴッタン島が望見された。その島の周辺に、米軍の駆逐艦や掃海艇などが動き回っているのが見えた。

「やはり米軍は、友軍の逆上陸を警戒して網を張っているな」

少尉は、目を西方海域に向けた。そこにも米軍の艦艇が数隻、夕焼け空を背景に黒い姿を浮かべていた。これでは昼間の行動は困難だ。少尉は夜の闇を利用して三ツ子島へ泳ぎ渡ることにした。休息もそこそこに彼らは落日とともに行動を開始した。

闇にまぎれフカの海を渡る

グラマンの銃爆撃によって、一瞬のうちに一三名の部下を失った奈良少尉は、悲憤にくれる暇もなく、夜とともに生き残りの三名の兵を率いてガラカヨの岸から海へ入っていった。

「目標は三ツ子島、各個に行動せよ」

少尉は指示すると、先頭をきって平泳ぎに移った。三ツ子島まで五キロの距離があることは、たびたびの海上機動訓練によって彼らにはわかっていた。

できるだけ体力を消耗しないようにと、奈良少尉はゆっくりと水をかいた。赤道下、北緯七度のパラオの海は、まったく冷たさを感じさせぬ温水である。だが、パラオ本島までの六〇キロの行程のうち、彼らはまだほんの入口を泳いでいるにすぎなかった。パラオにたどりつくまで、体力をもたせなければいけない、と少尉は考えた。

少尉に寄りそうかのように、上原上等兵がぴったりとあとに従って泳いでいた。満州時代から少尉の伝令兵となっている上原上等兵は、律儀そのものだった。

「伝令は、どんなときでも上官のそばから離れてはいかん、常にそばにくっついておれ」

といった少尉のことばを、彼はいまなお忠実に守っていた。

リーフと無数の小島に囲まれたこの海域は、いわば海の中の湖といった感じだった。波もなく、うねりもなく、鏡のようにしずまりかえっている。ただ、彼らが脱出してきた後方のペリリュー島から、友軍陣地を攻撃する米軍の砲撃音が、雷鳴のようにおどろおどろしく聞こえていた。

泳ぎながら、少尉はふと不安にかられた。このあたりはフカの棲息地であったことを思い出したのだ。パラオの島民たちですら、カヌーでこの海域を渡るときは、フカの襲撃に対して警戒を怠らないと聞いていた。まして泳ぐことは、絶対に禁じられてもいた。

「フカにやられたのでは、死んでも死にきれないぞ……」

少尉は泳ぎながら、腰に装着してある手榴弾にそっとさわってたしかめた。

水面にフカの三角ヒレが見えたら、手榴弾を投げつけるしか対策はなかった。それでフカの餌食になることが防げるかどうかおぼつかないが、やってみるしかしようがないだろう。彼はひそかに、神に祈らずにはおれなかった。

夜とはいえ、海面の見通しはよかった。周囲に警戒の目を走らせながら、少尉は三ツ子島に近づいていった。

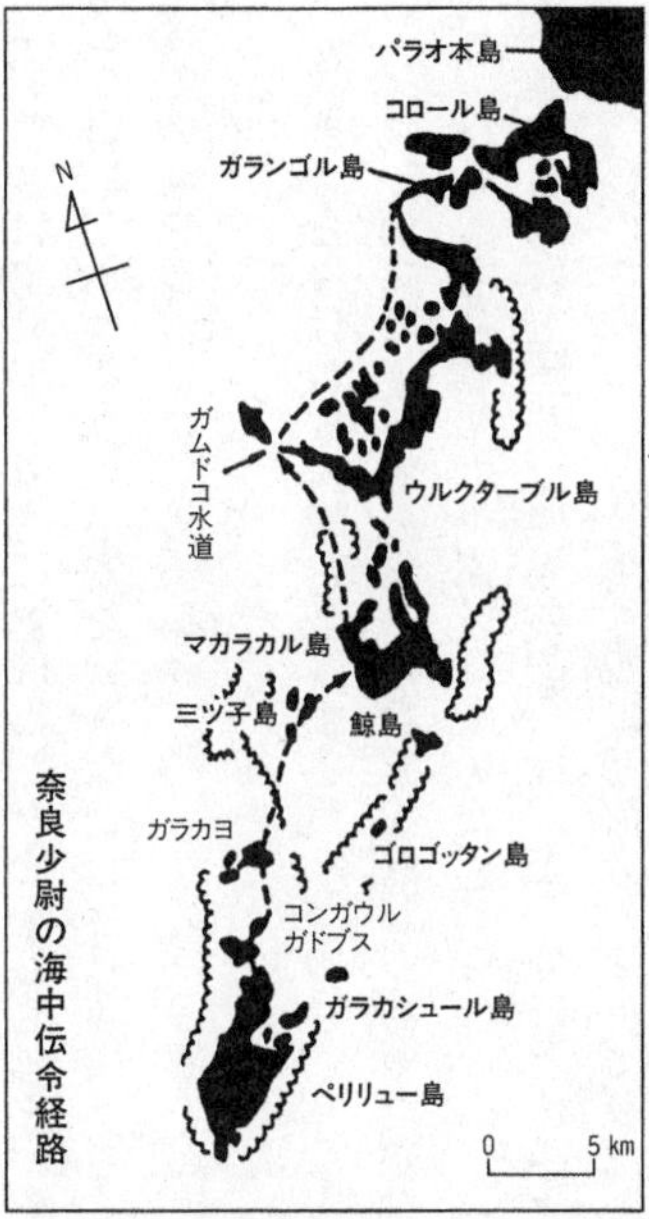

奈良少尉の海中伝令経路

この島は海上機動の中継地として利用していたので、地形や島周辺のリーフの状況は熟知していた。彼は、訓練のとき大発を横づけにしていた地点へと泳いでいった。幸いフカは現われなかった。

「砲撃音に驚いて、外海に逃げ出したのかもしれん、それならいいのだが……」

少尉は、ふっ切れぬ不安を抱きながら、目前にくろぐろと迫ってきた三ツ子島めがけて力泳をつづけた。

泳ぎきらなければ大隊が全滅する

三ツ子島には、一個分隊の哨兵を配置してあったが、米軍のペリリュー攻撃のときに、はやくも砲爆撃でつぶされていた。

無人の島に上陸した四人の伝令は、三〇分ほど休憩すると、島を横切って北側に出た。そこから一〇〇メートルほど前方の海上に鯨島があった。ちょうどクジラが浮かんでいるような形をしているところから鯨島と名づけられたのだが、島の中央に、サゴ椰子が二本、それこそクジラが潮を吹いているように立っていた。

「鯨島を経由してマカラカル島まで泳ぎきるぞ、みんながんばれ」

少尉の声に三人の兵は黙ってうなずいた。いま五キロの海を泳ぎきり、さらにマカラカルまで四キロの距離を泳がねばならない。

それがどんなに苦痛なことであるかは少尉にはわかり過ぎるほどわかっていた。しかし一刻も早くパラオにたどりつかねばならない使命を思うと、多少の疲れをいやしている暇などない。

「いくぞッ」

声を押し殺して少尉は海へ入った。

星の位置からみて、真夜中であることがわかった。四人は黙々と泳いだ。水深は浅く、リーフに足がようやくとどくほどだった。といってリーフ上を歩くことはできない。彼らは、軍靴をはいていなかった。裸足でリーフ上を歩くと、たちまち珊瑚礁のイガイガで足を切ってしまう。それに首まで海につかった状態で歩くことは不可能だ。

一時間ほど泳ぐと鯨島にたどり着いた。しかしこの島には上陸できない。椀を伏せたような島なので、足がかりがまったくない。

彼らは島から突き出たマングローブの枝をしごいて葉をむしり取り、口にほうりこんだ。にがい汁がのどを伝う。だが、渇ききったのどには、こころよい樹液だった。

岩壁から海面に張り出したマングローブの枝につかまって小休止した彼らの目に、東方のはるか沖にながながと横たわるマカラカル島の影が見えた。

「あの島の左はしから指三本右の地点を目標とする。だいぶ距離があるが、安全のため各自ばらばらになって泳いでいこう」

そういうと少尉は、ふたたび泳ぎ出した。夜明けまでにはたどり着けるだろう、と少尉は考えていたが、間もなくそれが大誤算であることがわかった。鯨島とマカラカルのあいだ、約四キロは、いままでの海とはちがって潮流が強かった。

南北に流れる潮流に対して、彼らはこれを横断するように泳いでいたのだ。うっかり潮の流れに乗ると、いまきた方向へ押しもどされてしまう。彼らは潮流にさからいながら必死に泳いだ。

そのうえ、海面にはうねりがある。潮流を乗りきることは至難のことのように思えた。しかしここでくじけたのでは、目的は水泡に帰してしまう。自分がいかねば、第一大隊は無残に潰滅してしまうのだ。どうあっても友軍の基地にたどり着かねばならない。

少尉は自分自身を叱咤した。疲労しきった腕に力をこめて、彼はひとかきひとかき潮流との戦いをくり返した。

ペリリューで艦砲を浴びたとき、左の鼓膜が完全に破られていたので、耳から入った海水が内耳を通り、耳管をつたって口の中に流れこんでくる。少尉はにがい海水を吐き出しながら、懸命に泳いだ。

潮流を乗りきるのに、少尉はかなりの時間を費やした。すでに夜は明けていたが、めざす目標までまだ半分しかきていないことを知った。ふと彼は、自分のうしろに上原上等兵がついてきているのを発見した。

「だいじょうぶか、上原」

いがらっぽいのどをふりしぼって少尉は叫んだ。上原上等兵も鼓膜をやられている。しかし彼は、少尉の表情と口の動きでそれと察した。

「だいじょうぶであります」

元気な声がかえってきた。

少尉は明るくなった海面を見回した。あとの二人はどうしたのだろう？　いくら首をめぐらしても、彼の視野の中に二人の兵の姿は入ってこない。とにかく島に上がれば会えるだろう、そう思いながら、なおも泳ぎつづけた。そのとき、頭上に爆音が聞こえてきた。あおぎ見ると、またもや敵機が、こちらに向かって降下態勢に入るところだった。

「上原、敵機だッ。もぐれ、もぐれ」

叫ぶなり少尉は、水を蹴って海中に姿を没していった。息のつづくかぎりもぐって、それから浮かび上がってみると、敵機はすでに航過していったあとだった。

だが、くるりと旋回すると、ふたたび敵機は襲ってきた。

少尉は二度、三度、必死にもぐっては難を逃れた。機銃掃射の弾丸は、水の中ではそれほど直進しない。水の抵抗にあうと、機銃弾は一メートルほど直進してひょろひょろと落下してしまう。執拗に掃射をくり返していた敵機は、そのうち少尉たちの姿を見失ったのか、機首をめぐらすと去っていった。

突然、三人を襲った

ようやくの思いでマカラカル島にたどりついた少尉は、しばらくのあいだ、波打ち際で横たわっていた。そこへ上原が泳ぎついてきた。彼らは海岸に立って、他の二人の兵の姿をさがした。海上には泳いでいるものはなかった。そのとき、

「おーい、隊長どのオ」

声のするほうを見ると、茂みから出てきた山川二等兵の姿が目に飛びこんできた。沖縄糸満の出身だけあって、山川は得意の遠泳で先に上陸していたのだ。

「おう、無事だったか、よかった」

少尉は腹の底から笑いがこみあげてきた。自分以外にも無事に生き残った兵がいることに、彼は深い安心と喜びを覚えた。だが、もう一人の兵は、いくら待ってもついに姿を現わさなかった。潮流に流されておぼれ死んだか、敵機の機銃掃射で戦死した

のかのいずれであろう。少尉は、暗澹とした。この三人で、はたして使命がまっとうできるだろうか？

激しい空腹と疲労に、彼らはしばらく動くことができなかった。五、六時間、三人は海岸の茂みの中でこんこんと眠った。

昼ごろ、目をさました彼らは、岸辺に出て海の中に手榴弾を一個ほうりこんだ。爆発と同時に、小魚が水面に浮かんできた。ひろい集めてみると、アジに似た熱帯魚だった。

「よし、焼いて食おう」

枯れ木を集めると、少尉は軍帽の汗どめの中からマッチを入れた衛生サックをひっぱり出して火をつけた。

燃え上がる焚き火の中に魚をほうりこんでまだ生焼けなのに彼らはむさぼり食った。うまかった。この世に、こんなうまい魚がいたのか、と思うほど美味だった。そのとき突然、彼らの近くで大爆発が起こった。爆風にあおられて、三人はその場に突っ伏した。

「しまった。艦砲だ、逃げろ」

少尉はとっさに叫んだ。

頭上を、無気味なうなりをあげながら砲弾が通過して、至近距離に落下する。つづいてドカドカと、海岸線はたちまち爆煙でおおわれた。真っ昼間、不用意に上げた煙を目標に、ゴロゴッタン島付近を遊弋《ゆうよく》していた駆逐艦が撃ってきた砲弾だった。すばやく難を避けた三人は、そのまま島の北端へ向かった。マカラカルにも、米軍が進攻してくるまで友軍の前哨基地があったし、海上機動訓練でしばしば上陸したことがあった。いわば勝手知ったる島だが、地形が悪く、守備に適さない島なので放棄され、完全な無人島になっていた。

一時間ほどで島の北端に出た。ここから約一〇キロ北方にウルクターブル島が横たわっているのが見える。その西端がガムドコ水道で、あの水道を越しさえすれば、米軍の追撃を受けることはないだろう。水道から北方は友軍の支配下にあるはずだから、と少尉は考えた。

昼間の海上は危険である。だが少尉は、いまもペリリューで戦い、死んでいっているであろう第一五連隊の戦友を思うと、自分だけが安全を確保する気にはなれなかった。

「俺の使命は、逆上陸に出発する第一大隊を阻止することにあるのだ。八〇〇人の戦友の命を救うことにあるのだ」

そう思うと矢も盾もたまらなくなった。二人の兵をうながすと、彼は海岸に立った。

必死の声に素通りする自軍の舟艇

ガムドコ水道をめざして泳ぎ出そうとしたとき、奈良少尉は海上に浮かぶ一隻の舟艇を発見した。艇は海軍の折畳み式上陸用舟艇で、五、六〇人の友軍をのせて島づたいに北上していた。少尉は飛び上がらんばかりに喜んだ。

「おーい、おーい」

三人は手を振りながら叫んだ。だがおかしなことに艇からの返事が返ってこない。そればかりか、こちらを無視しているかのように見向きもしなかった。

聞こえないはずはない、と思いながら、少尉は海に飛びこんで泳いでいった。

やっと接近して見ると、艇にはペリリューから脱出してきたらしい血まみれの負傷兵や疲れきった、海軍の将兵たちの顔があった。みな無表情で、武器も持っていない。

「私は一五連隊二大隊の奈良少尉だ。重要命令を持った伝令だ。司令部まで同乗を頼む」

だが、だれ一人として口をきく者がいない。少尉は舟べりに手をかけて大声で叫んだ。

「重要命令の伝令だ、頼む、乗せてくれ」

必死に叫ぶ少尉に、ようやく声が返ってきた。

「これは海軍の舟艇だ。もう一名でも乗せるとこの舟は沈んでしまう。まして陸軍のキミを乗せるわけにはいかん。気の毒だがキミは泳ぎたまえ」

声の主は海軍少佐だった。少尉は、この非情な返答におどろいた。

それに黙然と黙りこんでいる艇内の異様な雰囲気を見て、彼らは敵前逃亡をはかった連中ではないかと推察した。

「わかった、もう頼まん、陸軍でも海を泳ぐことぐらいできる」

そう叫ぶと少尉は舟べりを蹴った。情けなかった。これが戦場の現実なのだとは思うが、生死をともに戦う軍人の、それも士官のことばだとは信じられなかった。

「なにくそ、俺は泳ぎきってみせるぞ」

少尉は、はらわたの煮え返る憤りを抑えかねながら、遠ざかる舟艇をにらみつけていた。

三人の伝令は、無言のまま泳ぎつづけた。じりじりと照りつける太陽の下を、彼らは単調に泳ぎつづけた。スクラムを組んで、たがいを助け合うように、三人はひとかたまりになってガムドコ水道をめざしていった。

水道に達したときは夜になっていた。ウルクターブル島の西端に上陸して一休みした彼らは、夜を徹して泳ぐことに決めた。

「あと一五キロか二〇キロ泳げば、友軍の前哨線のあるガランゴル島に着けるはずだ。とにかくそこまで泳ごう。それからコロール島の司令部へいく」

少尉は上原と山川の顔を穴のあくほど見つめていった。

「これからが最後の海中突破だ。ひょっとしてこれが最後となるかもしれん。俺たちのうち一人でも幸いに生き残ることができれば、第一大隊の全滅は防げるのだ。いいか、この中で、力つきて沈むものがいても助けるな。自分が生き残ることに全力をつくせ」

少尉のことばに、二人の兵はうなずいた。悲愴な決意が彼らの顔に浮かんだ。

それからの三人は、超人的ともいえる力をふりしぼって泳いだ。無数の小島が右手に点々と見える海を、彼らはリーフを足でさぐりながら泳いだ。海上機動訓練で通りなれた道筋ではあったが、艇上から見るのと、海面から見る情景には大きなへだたりがあった。彼らはジグザグコースをたどりながら、ひたすら前進した。


ついに間にあった!

奈良少尉がガランゴル島の岸にたどり着いたのは、翌日の午後だった。じつに二〇時間にわたって泳ぎつづけたのである。目はかすみ、手足の感覚はマヒしていた。砂浜を這い上がったとき、監視哨の兵が駆け寄って銃を向けた。てっきり脱走兵だと思ったのだろう。

「ペリリューからの伝令だ、これを司令部に届けてくれ」

少尉はあえぎながら、軍帽の中から取り出した報告書の入ったゴム袋を哨兵に手渡すと、ガックリとその場に昏倒した。報告書は、その日のうちにパラオ本島の司令部に届けられた。ちょうど第一大隊が、まさにペリリューへ救援逆上陸のために出発する直前だった。

決死的な海中伝令によって、第一大隊の出撃は間一髪、取りやめとなり、無為な全滅から大隊は救われたのである。彼らは一転してパラオ本島の防衛に復帰し、無事、終戦をむかえることになる。奈良少尉と前後して、上原と山川の両名も無事救出された。

だが、非情な軍律は悲劇を追加した。

海上で奈良少尉たちを見捨てた海軍少佐以下六〇名の兵たちは、無事にパラオに到着したものの司令部の怒りを買い、敵前逃亡とみなされて、即刻ペリリューへ追い返されたのである。彼らがはたしてふたたびペリリューの土を踏んで死んでいったのか、

断崖の洞窟陣地にたてこもる日本兵を掃討する米軍兵士。9月中に守備隊は戦力のほとんどを失ったが、その後3ヵ月におよぶゲリラ戦が演じられた。

途中で米軍の砲撃にあって海没したのかはわからない。

これ以後、ペリリューの戦いは、在島地上部隊のみで絶望的な死の戦いをつづけていった。兵たちは、夜になると洞窟からしのび出ては、幽鬼のように米兵に攻撃をかけつづけた。大石上等兵はなおも奮戦していた。

「長期戦の様相となってからは、食糧や弾薬の欠乏がひどく、戦うに戦えない状態となってきました。兵たちは極度の栄養失調となって、きのうまで元気だったのに、翌朝には冷たくなって死んでいるといったことがザラになりましてねえ。水ですか？　じつは北浜沿いに一つだけ井戸があるんですが、くみにいくと米兵が待ちかまえていて皆殺しです。だから地下壕の岩から滲み出る水を根気よく湯呑に受けてね。一日かかって湯呑に三分の一ほどたまります。それを三、四人で少しずつなめるんですよ」

食糧は米軍から調達することにした。すでに長距離機が発着している飛行場周辺のキャンプにしのびこんでは、缶詰や乾麺麭を盗んできた。ライフルを失敬したこともあった。しかしやはり水には困った。大石上等兵は、米軍が使用している、輸送してきた水の缶に目をつけ、幕舎の立ち並ぶ米軍キャンプへ這っていった。重い缶をかつぎ上げ、栄養失調の足を踏みしめながら歩き出したとき、彼の周りに四、五本の銃剣が突きつけられていた。その場にへたりこんだ大石上等兵は、大声で叫んだ。

「殺せッ、殺せッ」

だが、取り囲んだ米兵は、ニヤニヤしながらいつまでも彼を見下ろしていた。

●玉砕の島⑪——硫黄島

黒砂に刻まれた戦士たちの命

絶対国防圏を突破した米軍は、ついに東京の入口ともいえる硫黄島まで押し寄せてきた。日本本土から指呼の間にある島ではあるが、日本軍は反撃の飛行機も、艦艇も、要撃出動させることができなかった。米軍がやがて上陸してくるであろう本土を防衛するために温存しておかなくてはならないからだ。島の地中深く洞窟陣地を縦横に掘った日本軍は、神出鬼没の遊撃戦で米軍を悩ませ、殺し合いを続けていく……。

●米軍進攻日＝昭和二十年二月十九日　●米軍兵力＝六万一〇〇〇名
●日本軍兵力＝二万九三三三名　●玉砕日＝昭和二十年三月二十六日
●生存者＝一〇三三名

バレてしまった砲台の位置

植松一等兵は、摺鉢山の麓に巧妙に構築された地下陣地の監視口から、翁浜《おきなはま》海岸の三キロ沖に現われた敵艦艇の姿をのぞき見ていた。敵は駆逐艦、掃海艇に護衛された上陸用舟艇十数隻で、まるで警戒の様子もなくどんどん海岸に近接してくる。おそらく、昨二月十六日の艦砲射撃で、水際の日本軍陣地は壊滅したものとタカをくっているのだろう、と彼は思った。

「それにしても大胆不敵な米軍だ」

彼は、十数隻の上陸用舟艇で突っこんでくる米軍の第一波上陸を、固唾を飲んで見守っていた。しかしこの舟艇は、十九日の本格上陸を前にしての、硫黄島南海岸の強行掃海偵察だったのである。

彼らが白波を蹴って距岸七〇〇メートル付近に到達したとき、硫黄島の中央部東岸寄りに陣をかまえていた海軍南砲台から一斉砲撃が起こった。これに誘発されたかのように植松一等兵ら独立歩兵第三二大隊に近接する、海軍の摺鉢山砲台も火を吐いた。両翼からの集中砲火を浴びて、たちまち米軍の艦艇はつぎつぎと命中弾を受けた。狙いすました砲撃は正確だった。敵の舟艇一二隻ぜんぶに命中弾がくりこまれ、後方の駆逐艦にも火の手が上がった。

「ざまア見ろ、日本軍も、いつまでも撃たれっぱなしではいないんだぞ。これで奴らも少しはキモが冷えたろう」

「北がやるなら南もやる、ソレソレ」

目前の戦果に、兵たちはうきうきと歓声をあげた。すでに北地区の一五センチ砲台

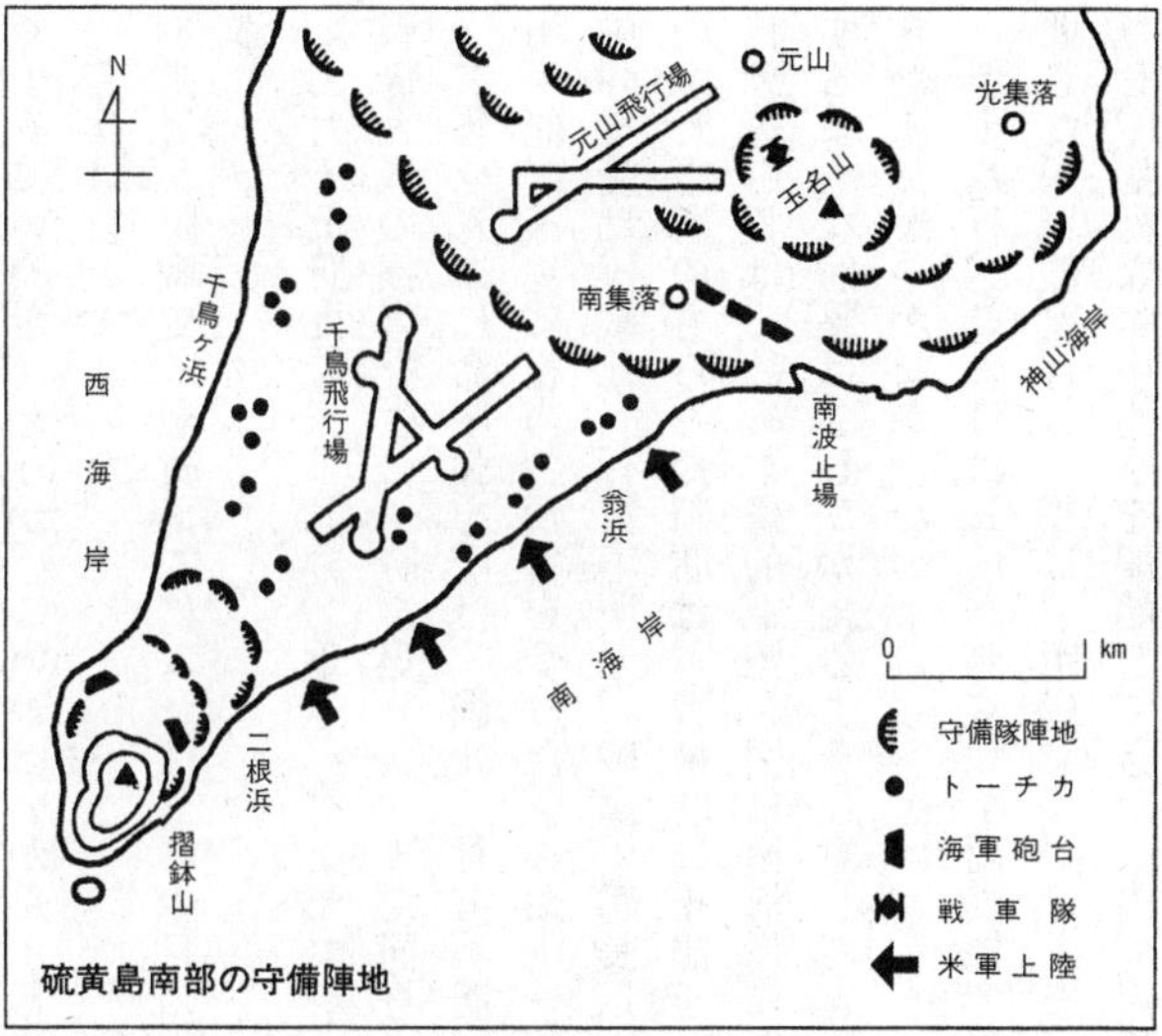

硫黄島南部の守備陣地

が、米巡洋艦一隻に六発の命中弾をあたえ、火災を発生させたという情報が入っていた。それだけに、南砲台にしても摺鉢山砲台にしても、眼前の好餌を黙って見逃せなかった。彼らの士気はいやがうえにも高揚していた。昨二月十六日に、硫黄島沖に姿を現わした敵の水上艦艇の熾烈な艦砲射撃が、米軍の上陸進攻の前ぶれであることを守備隊のだれもが直感的に感知していた。

「これはまずいな、海軍さんは少し早まったことをしでかしてくれたぞ。これでこっちの砲台が敵にわかってしまったからな……」

水野軍曹が、舌打ちしながらうめ

くようにいった。そうか、こいつはいかん、どえらいお返しがくるかもしれん。植松一等兵は首をすくめた。

米海兵隊戦史『硫黄島』によれば、この日の米軍艦艇の損害についてこう記している。

『二月十七日九時三十五分、重巡「ペンサコラ」は六発の命中弾を受け、戦死一七、戦傷九八の損害を生じ一時避退した。また同日十一時ごろ、LCI（上陸支援砲艇）一二隻ぜんぶに命中弾を受け、戦死、行方不明四四、戦傷一五二を出し、同艇九隻使用不能、三隻に相当の損害を受けた。なお十一時二十一分、駆逐艦「ロイツェ」に命中弾を受け、戦死、行方不明七、戦傷、艦長以下三四の損害を生じた』

水野軍曹のもらした判断は、戦術的に正鵠《せいこく》を射たものだった。その夜、兵団長の栗林忠道中将は、敵の本格的上陸企図は南海岸にあると指摘し、海軍砲台の全貌を暴露するような射撃はさしひかえるよう注意してきた。しかし、すでに起こったことはとりかえしがつかなかった。

翌十八日、この日は天候が悪く、小雨模様で視界がやや不良だったが、硫黄島を包囲した米軍艦艇百数十隻は、距岸二キロ付近まで近接して、昨日発見した発砲点をめざし、猛烈な集中砲撃を開始してきた。南海岸砲台と、摺鉢山の海軍平射砲台、対空砲台、さらに海岸線のベトン穹窖《きゅうこう》の各陣地に、七時四十五分からじつに一一時間、えんえんと絶え間なく、砲弾をそそぎこんできた。

一瞬、砲撃がやんだと思った瞬間、こんどは艦上機が入れかわり立ちかわり銃爆撃してくる。これに対してわが守備隊は、摺鉢山、南集落の一四センチ平射砲台で応射する。しかし、スコールのように飛んでくる敵砲弾は、強固なベトン砲台を確実につぶしていった。

米国の戦史家モリソン氏の『太平洋の勝利』は、このときの模様をつぎのように記述している。

『日本軍守備隊は、艦砲、航空機に支援された上陸海域の掃海および偵察行動を、米軍の主上陸と誤認し、海岸砲台の応射位置を暴露し、そのため艦砲射撃により事前につぶされたが、これは硫黄島防衛における日本軍唯一の重大な過失であり、米軍にとっては幸運であった。もしこの砲台が上陸二日前に発見されていなければ、二月十九日の上陸日には、米軍は大損害をこうむったことであろう』

このことは、栗林兵団長がかねてから案じていたことだった。中将は、サイパン、グアムの戦訓から、水際で上陸軍をたたくより、ふところ深く上陸させたうえで、一挙に砲撃してただく方針だった。それまでは、撃ちたくても砲台は沈黙していなければならなかったのだ。

猛烈な艦砲射撃が開始された

米軍が硫黄島を占領することは、日本本土を攻撃するうえで不可欠なものだった。まず第一に、B29がサイパンやテニアンから飛び立って日本本土を爆撃するさい、戦闘機が全距離にわたってこれを護衛することができなかった。しかし硫黄島を戦闘機の前進基地として使用すれば、航続距離の短いP51でも、全距離にわたってB29の護衛を行なうことができる。第二に、東京上空で被弾したB29は、すぐに硫黄島に緊急着陸することができるというメリットがある。それまでは、サイパンかテニアン、またはグアムの米軍基地まで、じつに約二三〇〇キロの行程を飛びつづけなければならない。

これはできることではなかった。被弾した機は、途中の海上に不時着水しなければならなかった。このことはB29搭乗員たちの士気を極度に低下させていた。搭乗員たちが、東京行きを敬遠することは、アメリカ陸軍航空隊総司令部に重大な関心を喚起させ、頭痛のタネになっていたのである。そればかりではない。サイパンの北方、約一〇〇〇キロの海上に浮かぶ硫黄島では、日本軍の電波探知機（レーダー）が、東京に向かうB29の編隊をとらえて、空襲の危険をいちはやく通報している。米軍にとってこの硫黄島は、どうしても占領しておかなければならない重要な戦略要地であったのだ。もちろん彼らは、硫黄島の攻略には相当の犠牲がつきまとうだろうことも承知していた。それでも攻め取らなければ、今後の日本本土の攻略では、さらに大きな出血を強要されることになるだろうことも知っていた。

米国の統合幕僚長会議は、昭和十九年十月三日、ニミッツ提督に硫黄島の攻略を下令した。これを受けてニミッツ提督は、総指揮官に、ミッドウェーとマリアナ戦で勇名を馳せたレイモンド・スプルアンス大将（ミッドウェー海戦時には少将）を任命した。この直後、日本軍がレイテに決戦場を求めてすさまじい抵抗戦を展開したため、米軍の硫黄島攻略の時期は二十年二月三日に延期され、それはさらに十九日まで延ばされることになった。その間、上陸部隊に予定されていた海兵隊第四、第五師団の二個師団は、ハワイで猛訓練をおこない、第三師団はグアムで上陸演習をつづけていた。

やがてスプルアンス提督麾下の高速空母機動部隊、第五八任務部隊は、二十年二月十日、空母一一、護衛空母五、戦艦八、重巡六、軽巡九、駆逐艦七七をもって、硫黄島攻略の先陣としてウルシーを出撃した。ついで十六日、機動部隊は東京の南東、約二〇〇キロの海上から、関東、東海地方の日本軍飛行場、および港湾に対し、牽制の大空襲をかけた。

このとき並行して、硫黄島攻略の水上支援部隊は、護衛空母一二、戦艦六、巡洋艦五、駆逐艦一六をもって硫黄島を銃爆撃し、ついで熾烈きわまる猛烈な艦砲射撃を開始した。この作戦で、米軍が投入した戦力は、上陸部隊が海兵三個師団六万一〇〇名、海上兵力は総計四九五隻。しかも後続部隊を加えると、米軍の陸海軍総兵力は、じつに一一万名に達していたのである。

植松一等兵は、まさかこれほどの大兵力がいま、目の前に蝟集《いしゅう》しているとは夢にも思っていなかった。日本軍の常識でいえば、守備隊は、自軍の三倍の敵と対等に戦えるものとされていた。

「米軍には軍艦と飛行機があるから、敵の上陸部隊はせいぜい一個師団をこえることはないだろう」

と彼はタカをくくった。

「こっちの地下陣地を敵は知らないのだから、この戦いはいただきだな」

彼は、多くの玉砕の悲劇がつづく中で、硫黄島だけが敢然と敵を撃退した唯一の守備隊となり、全国民から畏敬されるであろうと、いくぶん得意な感慨がチラと胸に浮かんだ。

まぼろしの〝硫黄島海没計画〟

硫黄島は、長さ約八キロ、幅約四キロの、しゃもじ状の島である。全体に平坦な台地状を呈しており、南端に、この島の最高峰である標高一六九メートルの摺鉢山がそびえている。

全島が火山岩と黒い火山灰でおおわれた荒土不毛の地で、地中のあちこちから、水蒸気や硫気、黒煙などを噴出している生活不能の火山島である。ここに、栗林忠道陸軍中将を最高指揮官とし、第一〇九師団と、混成第二旅団を主力とする小笠原兵団二万九三三三名（陸軍一万三五八六、海軍七三四七）の将兵が守備についていた。

かりに硫黄島が米軍の手中に落ちた場合、日本本土におよぼす影響がきわめて重大なものになることは、軍の上層指導部の一致した見解であった。そこで、この島を米軍に利用させないために、硫黄島そのものを海の中に沈めてしまおうとの壮大な構想が生まれたことがあった。当時、第一〇九師団の参謀であった堀江芳孝少佐の回想によれば、

「私は、つぎのような意見を大本営陸軍部に具申したことがありました。すなわち『あ』号作戦（マリアナ沖海戦）の結果、日本軍は艦隊も航空兵力もほとんど失って

しまった。もし米軍が硫黄島を強襲してきたら一ヵ月以内に陥落するだろう。われわれはこの島を敵に利用させないようにすることが絶対に必要であり、そのためにはこの島を沈めるか、最小限度、千鳥飛行場を沈めるように努力しなければならない。これに対して大本営陸海軍部においても同意を表する参謀があり、私は、硫黄島を沈めるために必要な爆薬量の計算をするよう指示されたのです」

しかし、計算した爆薬量はあまりにも膨大なものとなり、とても実行は不可能だという結論になったのである。たとえ飛行場だけでも沈めることができたとしても、米軍の土木機械力をもってすれば復原もまた可能であったろう。こうした発想が、真面目に論議されたということは、いかに緊迫した、切実な敗戦情況であったかを物語るものといえよう。

栗林兵団長は、硫黄島防備計画の基本姿勢として、

「摺鉢山、元山地区に強固な複郭《ふっかく》拠点を編制し、持久をはかるとともに強力な予備隊を保有し、敵が来攻した場合はいったん上陸を許し、敵が飛行場に進出した後、わが軍は出撃してこれを海正面に圧迫撃滅する」

との後退配備構想を定めて作戦準備を推進したのであった。兵団長の計画は、硫黄島全島をそっくり要塞化することにあった。米軍が上陸してくるのは、翁浜と二根浜

の南海岸と、千鳥ヶ浜の西海岸一帯と推察された。そこでこの地帯の水際に、コンクリートでトーチカを構築した。その数は一三五個とされたが、セメントの不足から二四個が完成し、その他はほぼ既成の形であった。

兵団の戦闘司令所は、北集落付近の小丘の地下深くに構築された。深さ約二〇メートルの地下に、厚さ三メートルのコンクリートの天井を打ち込み、一・五メートルの厚さとした。主通信所は、さらに地下四五メートルの深さに構築し、二〇台の無線機を収容できる部屋とした。

昭和20年２月16日、米軍は硫黄島上陸に先だち徹底的な爆撃を実施した。写真は飛行場で炎上する日本機。

防備の白眉は地下洞窟陣地である。摺鉢山と元山とを結ぶ予定の、地下洞窟交通路は未完成だったが、坑道陣地は一二・九キロ、交通路三・二キロ、陣地一キロ、貯蔵庫一キロに達し、全島の各陣地に連接する地下通路は四割がた完成していた。さらに摺鉢山地区では、延べ約六キロのトンネルを、蜂の巣のように構築していた。地上には、鉄筋コンクリートで重火器用の掩蓋陣地を、突出する火山岩を利用して各所に巧妙に作り、そのほか散兵壕、対戦車壕、タコツボなどを縦深配備として無数に構築した。

しかし、これまでの陣地構築の作業は、言語に絶する苛酷なものであった。坑道作業は地熱のため、内部温度は四九度Cに達し、連続作業は五〜七分がやっとだった。しかも硫黄の臭気がひどく、将兵は防毒マスクをかぶっての作業である。

そのうえ島では飲料水が極度に不足していた。ここでは水はすべて天水に頼るしか方法がなかった。各小隊ごとにドラム缶で雨水をためては使用していたが、そんなことではたりるものではなかった。

そこで特別な集水法が考案された。島のあちこちで、硫黄の水蒸気が噴出しているところに三本の杭を立ててムシロをかぶせ、したたり落ちる水滴をドラム缶にうけるのだ。硫黄くさくて飲めたものではないが、ないよりはましだった。しかしそれでも水不足は解決できず、やむなく兵団長以下全将兵に、水の使用量を一人一日三リットルとし、飲料水は一人一日水筒一本分と限定せざるをえなかった。

ことに生野菜の不足に悩まされ、さらに不足がちの飲料水も水質不良のため胃壁をおかされ、将兵はパラチフスや下痢、栄養失調などをおこし、患者はたちまち全軍の二割にものぼる状態であった。こうした悪情況下で、守備隊は米軍の大軍団をむかえることになったのである。

米軍をおびやかす不敵な戦士たち

二月十九日の早朝六時ごろ、植松一等兵は南東の沖合に現われた米軍の輸送船団を発見して驚いた。水平線が見えないほど、黒い船団がびっしりと海上をおおっていた。

「いよいよくるぞ、まず艦砲からはじまるから、みんな地下壕で首をひっこめとれ！」

水野軍曹が大声で怒鳴った。兵たちはそれを聞いて一様にニヤリとした。これまでの艦砲も、頭上に落下した砲弾は数えきれなかったが、一弾としてこの地下壕陣地を突き破ったものはない。安全な壕であることが、彼らをいっそう不敵な勇士に仕立てあげていた。

軍曹が兵を避退させた直後、大気を引き裂く不気味なうなりが突きぬけたと思う間もなく、全身を圧迫するような爆裂音が轟然と響いた。植松一等兵は思わず鉄帽の上から両手で頭を押さえた。壕の天井が、いまにもくずれ出して生き埋めになるのではないかと思わせるような地響きが間断なく襲ってくる。砲弾が落下するたびに体が浮き上がり、まるで、できの悪い軌条の上を走るトロッコに乗っているような激しい震動だった。

このとき米軍は、戦艦七、重巡四、軽巡一、駆逐艦一〇、および小型砲艦九隻をもって、南海岸から一～二キロの距離に迫り、ゼロ照準で艦砲射撃を開始したのである。さらに上空からはこれに呼応して、戦爆連合一二〇機が、南海岸一帯に猛烈な銃爆撃をくり返してきた。

二時間半にわたる米軍の熾烈な砲爆撃は、狂気のように激しく、島の地面は一寸きざみにえぐられていった。

「敵の砲撃が激しく、水際を視認することができません。土砂が一〇メートルほど舞い上がり、視認距離は二〇メートル以下です」

監視口からもどってきた兵が報告した。

全島が爆煙と吹き上がる土砂で埋まっているあいだに、米軍の上陸用舟艇約二五〇隻、水陸両用装甲車約五〇〇両は、八時三十分を期して行動を開始した。約一〇〇隻単位で横隊に並んだ舟艇群は、それぞれ二〇〇～三〇〇メートルの間隔波をもっていっせいに攻撃前進、南海岸めざして数百の白い航跡が幾何学模様を描き出した。圧倒的な艦砲射撃と銃爆撃で支援された米軍兵力は、十時半までに海兵約八個大隊、戦車約一個大隊が上陸、彼らはただちに前進を開始した。

守備陣地の日本軍将兵は、すさまじい砲爆撃の弾幕のため、頭を上げて射撃する余裕もなく、水際陣地に近迫する米軍に向かって、ただちに突入、白兵戦を展開しなければならないありさまだった。このため、水際陣地では早くも全滅する部隊が発生し、損害は米軍上陸のその瞬間から続出していった。

米軍進攻の真正面にぶつかった南地区隊の速射砲第八大隊は、上陸用舟艇が到着したときの弱点に乗じてここぞとばかり猛射を浴びせつづけた。とくに同大隊第二中隊の中村貞雄少尉の射撃は神技に近いものだった。少尉は、四七ミリ速射砲をみずから操作し、海岸に乗り上げてほっとした水陸両用装甲車めがけてつぎつぎに命中弾をたたきつけ、じつに約二〇両を擱座させた。少尉の必殺必中の射撃は、さらに戦車を搭載したＬＳＭ舟艇三隻を撃破し、戦車の揚陸を不可能にさせるという武勲だった。

この戦果に士気を鼓舞《こぶ》された砲兵陣地は、水際にへばりつく米兵の頭上に砲弾を浴びせ掩体壕からは、二五ミリ機銃弾の雨を降らせた。

「ここの日本兵は強いぞ！　気をつけろ！」

歴戦の海兵は、頭を砂の中に埋めながら後続の兵に叫んだ。彼らは、上陸第一歩から、日本軍守備隊の手強《てごわ》さを本能的に感じたのである。

密閉された壕内から機会をうかがう

摺鉢山地区隊は、山麓から七〇〇〜八〇〇メートルの地帯を主陣地として、第一線、第二線の二重の陣地配備で米軍をむかえ撃った。じりじりと進撃してくる米兵を、第二線に陣取る植松一等兵はじっと見下ろしていた。ふと彼は、はるか前方の岩のかげから、緩慢に動いてくるかたまりに気がついた。

「戦車だ、戦車がきます！」

彼は思わずわめいた。冷ややかなものが背筋にへばりついたような悪寒を覚えた。突然、シャーマン中戦車六両が、いましも摺鉢山山麓の最狭部にさしかかっていた。二両の戦車から、真っ赤な火がホース状に吹き出した。

「火炎放射だ、あいつは火炎戦車だ」

ひきつった声が、植松一等兵の肩ごしに聞こえた。

「ちくしょう、第一線は焼け死んでしまうぞ。速射砲はどうしたんだ、あいつを早くやっつけろ！」

しかし距離が遠すぎる。対戦車砲とはいっても、四七ミリ砲では、命中しても弾は

２月19日、上陸した海岸で日本軍の攻撃によって釘づけにされる米第４海兵師団。栗林中将は島の各砲台に対し、上陸後の発砲を厳命していたという。

はね返るだけだ。もっと近接しなければ、シャーマンの五一ミリの装甲をぶちぬくことはできない。

その間に、戦車群は第一線の壕を炎でなめ回し、戦車砲で射撃をくり返す。ついに第一線の歩兵部隊の主力は、数十名を残して全滅したのであった。残存生存者は、第二線に後退することもできず、彼らは地下洞窟に深く潜入するしかなかった。

翌二十日、早朝から米軍は艦砲、銃爆撃、砲兵に支援されながら、摺鉢山の第二線陣地めがけて攻撃を再開してきた。植松一等兵は、きょうこそ最期だと観念した。またもや敵は戦車を前面にくり出して進出してくる。第二線では、残存四七ミリ速射砲、歩兵砲、野砲などをもってこの戦車に直撃を浴びせるが、敵は動じる気配もない。やむなく、戦車爆雷をかかえた決死隊が出撃した。だが彼らは、火炎放射を浴びて黒こげの死体となる。

守備部隊は、じりじりと圧迫されて、地下壕深く後退するしかなかった。その日の夕方までに、第二線陣地の大半は敵手に帰してしまった。すでに同地区守備隊一七〇〇名のうち、生存者は八〇〇名と半減していた。このときまでに砲台はすべて破壊され、あとは夜襲斬りこみだけが残された道だった。

翌二十一日、進攻する敵に対し、残存兵力は岩場のかげや洞窟から小銃射撃で応戦するしかなかった。植松一等兵は、カラカラに乾いた唇をなめながら、慎重に狙撃した。いまや右にも左にも、戦友がばたばたと倒れている。死が、いつわが身に乗り移ってくるか、彼はそれだけを待ちながら小銃の引き鉄を引きつづけていた。

二十二日、米軍はついに地下壕の入口前約一〇メートルに戦車を進出させて火炎攻撃をおこなってきた。植松一等兵は、壕に飛びこむと、死にもの狂いで奥へ這っていった。頭の上を、火炎の先端がなめる。息苦しい。いまにも体全体から火が吹き出すような熱さだった。だが助かった。このとき米軍は、地下壕の入口を砲撃で全部閉鎖し、穿岩機《さくがん》で壕上から穴を開け、黄燐を注入して攻撃した。植松は、真っ暗な壕内で、地面に鼻を押しつけ、土の空気を吸っていた。

そして二十三日、壕内に日本兵を密閉した米軍は、彼らの頭上に駆けのぼり、硫黄島最高峰の摺鉢山頂上に星条旗をひるがえした。だが、その旗の下の壕内には、生存者がまだ三〇〇名以上いた。彼らは洞窟内部から三個の開口に成功し、反攻の機会を狙っていた。

進むも死、とどまるも死

星条旗のひるがえる摺鉢山の山麓から、幽鬼のように日本兵が姿を現わしたのは、硫黄島の南部が米軍に奪取された二月二十三日の夜中、十一時ごろであった。彼らは、まるで黒い地下からわいて出るように、岩の割れ目からぴょんぴょんと跳び出してきた。兵たちの着衣は、米軍の火炎放射と黄燐攻撃をうけてボロボロに焼け、顔はすすけて、のどをぜいぜい鳴らしていた。

「ああ、空気がうまい、ああ、うまい」

植松一等兵は、岩陰に身をひそめながら深呼吸をくり返した。

壕口を米軍に爆破閉塞されて、三〇時間以上も生き埋めになっていた摺鉢山地区三百余名の陸海軍将兵は、地下洞窟陣地を脱出すると、小隊ごとに岩陰に集結した。洞窟内には、摺鉢山地区隊長の松下久彦少佐と、独立歩兵第三一二大隊長長田謙次郎大尉の二指揮官が生存していた。指揮官は、摺鉢山地区の守備隊がすでに全滅したことを確認すると、壕内の残存兵力をもって米軍の包囲網を強行突破し、硫黄島中央部の玉名山を拠点とする混成第二旅団の主力に合流することを企図した。

「敵情はまったく不明だが、われわれは完全に敵の重囲下にあると考えてよい。各隊は分散して敵線に潜入攻撃し、一兵でも多く玉名山の旅団主力に合流せよ」

地区隊長の命令は悲愴なものがあった。玉名山への脱出は、おそらく不可能であろうことは、指揮官自身がよく知っていた。上陸した米軍は二個師団をこえるものと思われ、しかも敵は、上陸地点から千鳥飛行場一帯にかけて、じゅうたんを敷きつめたように分厚く布陣しているにちがいない。敵陣突破は、自ら火中に飛びこむ夏の虫に等しい。

とはいえ壕内にとどまることは、無為の死を待つだけだ。進むも死、とどまるも死なら一矢を報いる捨て身の出撃を選ぶのが日本軍人の自然の選択である。植松一等兵は、今度こそ玉砕だと覚悟した。眼下に見える飛行場一帯は、間断なく撃ち上げる照明弾と投光器で真昼のように明るかった。その中を米軍のトラックやジープが走り回り、米兵がうごめいている。「俺たちは西海岸寄りに進入路をとり、鶯集落を迂回して、船見台後方から一気に玉名山陣地に進入する。鶯集落通過までは、匍匐前進でいくぞ！　いいか貴様ら、ついてこい」

低いが、ドスのきいた声で水野庄八軍曹は鋭く指示した。植松一等兵は、溶岩の岩陰から這って出ると、軍曹のうしろにぴたりとついた。軍曹から離れさえしなければ助かるかもしれない、と彼は直感したのである。水野軍曹の指揮下に入った陸軍二〇名、海軍五名の一団は、地面にへばりついて、じりじりと前進した。

各小隊は、洞窟陣地を脱出すると、それぞれ敵線に潜入していったが、そのほとんどが摺鉢山地区の前線で米軍に発見され、集中砲火を浴びて約一二〇名が戦死した。長田大尉以下の主力、約一〇〇名も、鶯集落付近から千鳥飛行場を突破するとき発見され、ついに決死の斬りこみを敢行したが、またたく間に機銃の餌食となり玉砕した。

この間、松下少佐以下の約五〇名も、敵に発見されて前進不能となり、やむなく摺鉢山の地下壕に逆もどりして潜伏せざるをえなかった。脱出兵力、約三〇〇の中で、混成第二旅団との合流に成功したのは、わずかに水野軍曹以下の二五名だけだった。

「軍曹の沈着適切な誘導のおかげで助かったのです。あくまで頭を上げず、徹底して匍匐前進したのがよかったのです。大隊長以下の戦友が飛行場に突入したのは知りません。きっとそのときでしょう。頭上を激しく機銃弾が飛びかい、落下する迫撃砲弾の雨の中を、私たちは夢中で這いずり回っていました。腕はしびれ、ひじはすりむけ、膝はガクガクになりながら、鶯集落までの約二キロを匍匐しつづけることができたのは、そうしなければ確実に死ぬからです……」

と植松元一等兵は語る。

神出鬼没の攪乱攻撃

水野軍曹と、どこでどうはぐれたのか、植松一等兵が気がついたときは、四、五名の戦友とともに元山飛行場東側の二段岩陣地にころがりこんでいた。ここは硫黄島のレーダー基地で、第二旅団の一個中隊と、戦車第二六連隊の第一中隊主力、それに陸海軍の砲迫隊などが守備についていた。所在部隊に合流した彼らは、ただちに尾根の岩場の自然洞窟を利用した地下陣地に配備された。

植松一等兵は、水野軍曹の指揮下で戦いたかった。しかし、いまはどこの陣地でも、戦力になる兵は一兵でもほしい。陣地の絶対確保は栗林中将からの至上命令だった。中将は、いたずらに兵力を消耗する玉砕戦法をいましめ、徹底的な持久戦を厳命していた。

「我等ハ各自敵十人ヲタオサザレバ死ストモ死セズ」
「我等ハ最後ノ一人トナルトモ『ゲリラ』ニヨッテ敵ヲ悩マサン」
という陣地死守を命じた「敢闘の誓」六ヵ条を、中将は硫黄島の全軍に布告し、たとえ最後的な攻撃戦法をとる場合でも、狙撃と、小兵力による肉薄斬りこみの反復に限定することを指導していた。

二段岩の陣地は、米軍が北上してくる真正面に位置していた。ここは玉名山複郭陣地の重要な一翼である。この陣地の前方には、昔でいえば出丸に相当する屏風山陣地があり、ここではいましも米軍の出鼻をくじくかのように、進攻部隊の先兵に激しい銃火を浴びせていた。

迫りくる米軍に対して、ふたたび銃を握りしめた植松一等兵は、あたえられた洞窟から眼光炯々《けいけい》として米兵を待ちうけていた。彼は、敵を一兵でも多く倒すことに全精力を集中していた。摺鉢山で一度は死んだ体だという思いが、彼をいっそう勇敢な兵士に仕立てあげていた。

死線をくぐったことで、敵に対する嗅覚が一段と冴《さ》えていた。彼は、本能的に敵の近迫を察知すると、岩陰に身を沈めて、至近距離にくるまでじっと待った。

こちらは自然の要害を楯として絶対有利である。反面、進攻してくる米兵には遮蔽物がない。手さぐりで進んでくる敵に、ゆっくり照準を合わせて、ただ狙撃すればい い。植松一等兵は、約一〇〇メートル前方から分隊単位でじりじりと迫ってくる米兵の先頭を慎重に狙い、引き鉄をそっと引いた。

銃声と同時に、米兵はふわっと倒れた。すると後続の敵はパッと散るなり、狙撃位置に向かっていっせいに乱射してきた。自動小銃の弾丸が、植松一等兵のいた岩に音をたてて命中する。だがそこには、もう彼の姿はない。目標を失ってキョロキョロする敵に、こんどは別の洞窟から銃弾が飛ぶ。一人、また一人と米兵は倒れた。

洞窟陣地には、射撃位置の穴が多数あって相互に掩護し合えるようになっていた。一方の洞窟が敵に攻撃されたら、別の洞窟から敵の背中を撃てるしくみである。しかも地下内部を走る地下道は、それらの銃座と縦横に連結しており、日本兵は右へ左へ、神出鬼没に位置を変えて米兵を攻撃した。地下道は内部が曲がりくねっているので、敵が洞窟内に突入して手榴弾を放りこんでも日本兵はただ奥へ走りこむだけで逃れることができた。そればかりか、いきなり敵の側面に現われて、必殺の銃弾を浴びせることもできたのである。

こうした陣地に対して、米軍は火炎放射器と爆薬で対抗してきた。狙撃位置を発見すると乱射を浴びせ、日本兵を穴の奥に撃退し、真っ赤な火の噴流を曲がりくねった地下道の壁にそって噴きこんだ。奥からすさまじい絶叫が聞こえ、別の穴から火だるまになった日本兵が飛び出してくることもある。米兵たちは彼らを射殺するか、殴り倒して火を消し、捕虜にした。

“超重砲”におびえる米軍

二月二十五日以来、二段岩陣地に攻撃を集中してきた米軍は、海兵の突入とともに戦車をくり出してきた。これに対して守備隊は、旅団砲兵群の迫撃砲、臼砲、噴進砲で猛射を浴びせ、歩兵は残余の健在な洞窟陣地から果敢な狙撃をくり返していた。

日本軍の噴進砲は、これでも兵器かと思うような、お粗末なものだった。しかし威力は大きい。なにしろ飛行機に搭載する六〇キロまたは二五〇キロ爆弾そのものを撃ち出すので、破壊力は絶大だ。装置はいたって簡単。厚さ六センチ、幅一三センチ、長さ五メートルの板を二枚、樋《とい》のように合わせたものを三脚でささえ、爆弾を樋に載せて電気装置で発射するというものだ。照準は三脚の高低で調節するのだが、正確なものではない。

しかし敵の密集地帯に命中すると、ものすごい威力を発揮した。そのうえ、この装置はアッという間に分解して壕内にすばやく運べるし、どこへでも移動して射撃ができる。米軍は、この巨大な炸裂力をもつ新兵器にキモをつぶしていた。常識的に考えれば、日本軍は想像を絶する巨大な超重砲を地下に備えつけていることになる。ところが、いくらさがしても、そんなものは見つからない。彼らは、ついにこの正体を最後まで知ることができず、〝幻の超重砲〟に震えあがっていたのである。

混成第二旅団の砲迫の猛射と狙撃で、米軍に出血を強要していた二段岩陣地も、二十八日の午後には約一個連隊の米軍に南北から包囲されつつあった。

これに対して戦車二六連隊の第一、第三中隊は、元山飛行場正面と二段岩正面で、二両一組の突撃隊戦法で敵陣のまっただ中に突入し、壮烈な白兵戦を展開した。玉名山方面でも、日本軍は地雷などの障害とともに、砲迫、機銃などの火力を集中して反撃、米軍はついにたまらず、夕刻になってもうもうと煙幕を展張しながら退却した。

いまや狭い地下道の内部には、小銃弾や手榴弾でやられたもの、焼かれて黒いかたまりになった兵たちがごろごろしていた。死体の臭気はがまんできないほどひどかった。植松一等兵は、地下道を埋めた死体を踏みつけて走った。腐敗した内臓に彼は何度も足を突っこんだ。ぶよぶよの湿地に足を踏み入れたような感触だった。そのたびに、ひどい臭気がムッとわき上がる。

「おいッ！」

地下道の中で、いきなり声がした。立ち止まると、横手の壕内便所から幽霊のように一人の兵長が姿を現わした。

「水はないか」

「自分も昨日から飲んでいません」

兵長は顔をしかめながら死体のほうにあごをしゃくっていった。

「あそこにも、ないかなア」

乾ききった唇が白く割れている。植松一等兵は、首を横に振った。彼も、移動するたびに見つける死体の水筒を、かならずさぐっていたのだ。どれもこれもカラだった。

「もう、ここはおしまいだ。噴かれる前に玉名山へいこう、まだ少しは水があるかもしれんからな」

旅団の主力陣地なら、一口飲むぐらいの水があるかもしれない。二人は、地下道を降り壕内弾薬庫に降りていった。地下三〇メートルの深さに作られた弾薬庫には、まだいくらかの弾薬が残っていた。手榴弾と小銃弾を補給すると、夕闇が垂れこめるまで彼らはその場で待機した。

決死隊一一名が斬りこむ

その夜、植松一等兵は、兵長とともに玉名山へ向かった。夜空にはひっきりなしに照明弾が撃ち上げられている。少しでも地面で動くものがあると、米軍はすかさず迫撃砲を撃ってきた。二人は、岩陰から岩陰へと匍匐前進した。どれくらい這っただろう。行く手に陣地らしいものがあった。かすかに白っぽいものが見える。兵長が声を殺して合言葉を投げた。

「菊」

二度、三度、呼びかけた。しかし返事はない。合言葉は楠木正成の旗印である〝菊水〟からとったもので、「流水」と返ってこなければならない。植松一等兵は、大きく迂回して陣地に近づいてみた。陣地はたしかに友軍のものであった。だがそこには、戦死体が五、六体、無残にころがっているだけだった。白っぽく見えたのは、戦死者の腹からあふれ出た腸のかたまりだった。

二人はさらに這いつづけた。体が硬直して匍匐度が延びない。膝に力を入れて無理やり体を前へ押しやる。こうして彼らが玉名山の主力陣地にたどりついたのは、二日の夜明けだった。陣地後方の水槽に残っていた、硫黄臭く、硝煙に汚れた水をむさぼり飲んだ。うまかった。乾ききった全身の血管に、水分が音をたてて流れこんでいく

硫黄島の象徴であり、巧妙な陣地が構築された摺鉢山の頂上付近。摺鉢山をめぐる戦いは硫黄島攻略の鍵となり、米軍は上陸4日目に頂きを占領した。

ようだった。

一息ついた玉名山陣地で、植松一等兵は水野軍曹にめぐり会うことができた。

「おまえが生きていたとはなあ。とにかく生命を大事にしろよ……」

軍曹は心から喜んでくれた。しかしその夜には、水野軍曹以下、旧三一二大隊の生き残り下士官ばかり一一名が、部隊長長田大尉の仇を討つべく、決死隊として斬りこみに出撃したのである。決死隊は、比較的、敵の少ない西海岸から迂回して潜入し、米軍の後方を攪乱する戦法をとった。彼らは、西揚陸場付近で敵の分哨を奇襲、米軍哨兵をことごとく撃滅して敵陣を突破。三日の夜には鶯集落で敵の通信所や幕舎を爆破、さらに摺鉢山近くまで進撃して数個の幕舎を爆薬で吹き飛ばし、おびただしい数の米軍将兵を血祭りにあげた。

一行のうち、戦死者はわずか二名だけだった。これも奇跡的なことだ。生き残った九名は、ふたたび西海岸を経て五日朝、玉名山に無事帰還したのである。

この間、玉名山では熾烈な戦闘が連日つづいていた。二段岩が陥ちた後、米軍は玉名山と後方の東山複郭陣地に矛先を向けてきた。植松一等兵は、またもや地下陣地戦をくり返さねばならなかった。

米軍は前面の陣地に野砲弾幕を展開し、砲火を集中してこれを粉砕、そのあとから海兵が突撃してきた。例によって火炎放射器、手榴弾、爆薬などで各拠点を攻撃してくる。またもや洞窟、銃座、壕の一つ一つが独立した戦場となり、日米両軍は死ぬまで白兵戦を演じたのである。

このころ硫黄島守備隊は、すでに全線にわたって各級指揮官の三分の二が戦死し、火砲、戦車のほとんども失って、その戦力は急速に低下しつつあった。一方、米軍もまた大きな損害を受けていたのである。米海兵隊戦史の『硫黄島』によれば、玉名山方面攻撃の第四海兵師団の戦闘力は、三月六日の時点で四〇パーセントに低下したということである。

壮烈！　千田旅団長の死

玉名山の混成第二旅団長千田貞季少将は栗林兵団長から玉砕攻撃を厳禁されていたが残存兵力わずか八〇〇となり、水もなく、武器弾薬もまた欠乏したいまとなっては、もはや組織的な抵抗戦は不可能と判断した。旅団長は、三月七日の夕、各部隊長を集めると、翌八日の十八時を期して総攻撃に移ることを下達《かたつ》した。

「皆さん、長いことご苦労をかけました。靖国神社で会いましょう」

旅団長は、各部隊長とともにコップ一杯の水で乾杯すると、最後の訣別をかわしたのであった。

総攻撃は、第一線および第二線攻撃部隊の二波により、目標は元山飛行場および千鳥飛行場を突破して摺鉢山に向かう肉薄攻撃とされた。

翌八日、薄暮とともに各部隊は、攻撃発起陣地についた。植松一等兵は、安荘憲瓏少佐の指揮する第一線攻撃部隊の右第一線に参加していた。やがて十八時、旅団の砲兵隊主力は残存火砲のすべての砲門を開き、全弾量をつるべ撃ちに撃ちまくった。砲兵隊の最後の掩護を受けて、攻撃部隊の各員は手に手に黄色火薬や破甲爆雷、手投爆雷、手榴弾などを持って前進を開始した。

千田少将は、日章旗の鉢巻に地下足袋、巻脚絆《きゃはん》という軍装で、右手に手榴弾、左手に軍刀を握り、安荘少佐の指揮する右第一線の先頭を前進した。しかし、夜襲を察知した米軍は、海陸双方から猛烈に照明弾を撃ち上げ、熾烈な銃砲火を集中し、弾幕で日本軍を阻止しようとする。このため戦死者は続出したが、突撃部隊は地面をえぐった弾痕から弾痕へと伝わって敵陣に肉薄し、ついに二十三時ごろ、第一線攻撃部隊は二段岩付近の敵中に突入、各所で壮烈な白兵戦を展開した。

植松一等兵は、旅団長の猛進に引きずられるように前へ前へと進んだ。不思議に敵弾は当たらない。銃で狙撃する暇などなかった。いかに敵に肉薄して、手榴弾を投げるか、ということしか念頭になかった。気ばかりあせるが、なかなか敵陣にぶつからない。そのうち、敵の張りめぐらした鉄条網にぶつかってしまった。

彼は檻に閉じこめられたように、鉄条網の開口部を求めて這いずり回った。工兵が鉄条鋏でなんども開切しようとしたが、激しい機銃弾の集中を浴びてたちまち戦死する。

『無駄死にしてはいかんな』

彼は心の中でつぶやきながら、見覚えのある二段岩のほうへ這っていった。このときすでに千田旅団長は壮烈な戦死をとげていた。安荘少佐もまた、敵中で瀕死の重傷を負い、身動きできぬ状態ながらも、最後の力をふりしぼって朗々と詩を吟じ、息を引きとったのである。

米海兵隊戦史によれば、混成第二旅団の総攻撃で受けた損害は、戦死九〇、負傷二五七にすぎなかったという。日本軍は千田旅団長以下約七〇〇の屍を不毛の黒い砂上に残して総攻撃の幕を閉じたのであった。

死者の臓物をかぶり敵の目をくらます

植松一等兵は、降りそそぐ銃砲弾に身動きがとれなくなった。すでに白々と夜が明けてきた。彼は、じりじりと尻から後退する。

「どこでもいい、洞窟に飛びこんでしまえばなんとかなるんだが」

彼は地面に鼻をこすりつけながら、左右の地形を偵察した。総攻撃ゆえに深入りしすぎていた。周囲は戦死者だらけだ。そのとき、死体の中から声が上がった。

「おい、こっちへ寄れ、早くこい」

植松一等兵はびっくりした。横腹を破かれて、明らかに死んでいるはずの兵が元気な声を上げたのである。

「そろそろアメ公が戦場整理にやってくるころだぞ。逃げたらあかん、殺《や》られるだけだ。死体の中に隠れて死んだふりをしろ」

そういうと、砲撃で砕けたかたわらの死体の腹の中に手を突っこんで内蔵をつかみ出すと、自分の腹の上にそれをのせた。

「こうして死んだふりをしていると、奴らは通り過ぎる。おまえもそのへんの死体の腹を破いてカムフラージュをしな」

植松一等兵は呆然とした。

「それだけは、どうも……」

「ふん、そっちは敵にやられてもいいが、俺まで巻きぞえはくいたくないからな」

恐ろしい形相で兵はいった。

いま、敵の目を逃れる方法としてはそれしかないだろう。植松一等兵はたじろいだものの、思い直すと、手近な死体の上衣のボタンをはずし、横腹に剣を刺そうとした。が、勇気が出ない。死体の顔があまり傷んでいないのを見ると手がすくんでしまう。

震えるような金属音とともに、すぐ近くに迫撃砲弾が落下した。つづいて機銃弾が頭上を連射する。その音で、われに返った植松一等兵は、伏せたまま思い切って死体の腹に剣を刺した。ぐるりとえぐると内臓がゾロッとこぼれてきた。彼は目をつぶって臓物をつかむと引っ張った。ヌルリと手がすべる。悪臭がムンと鼻をついた。彼は思考を遮断して無我夢中で臓物をふところにねじこんだ。

すでに空は輝いていた。米兵の活動が活発になっている。彼は、米兵の靴音を聞きながら顔を砂の中に埋めた。植松一等兵は死者によって救われた。何人もの米兵が彼のかたわらを通過したが、顔をそむけて通り過ぎていった。一日中、彼は死者の臓物を抱きつづけていた。照りつける日射しに死臭がむせかえり、臓物の汁が肌を流れた。

夕闇が迫ってきたとき、彼はようやく移動を開始した。

「どこをどう移動したのか覚えていません。ようやく洞窟陣地をさがしあてて入ってゆくと中は満員だといって入れてくれません。やむなく別の壕をさがすのですが、他部隊の者は入れないが水を持っていたら一日だけ休ませてやるといわれてねえ。ようやく北地区で、海軍さんの地下壕に入れてもらいました。もうそのときは私はひどい下痢でした。アメーバ赤痢ですよ。このとき初めて、栗林兵団長も突入したと聞きました。もう組織的な戦闘はできなくなっているのに、それでも斬りこみにいく兵がいました。きっと死ぬためだったのでしょうね。私が捕虜になったわけですか？　おそらく夢遊病者のようになっていたんだと思います。ひどい脱水症状でしたから。自決するつもりで壕の外に出たんですが、手榴弾のピンをぬく力も出ないんですよ。そのまま昏睡状態で地べたにすわりこんでいたところを米兵につかまったらしいのです……」

植松氏はこう語りながら、生き残ったことが幸せなのか、いまだに疑問だと述懐する。

解説

宮永忠将

なぜ玉砕の島となったのか

玉砕ほど、太平洋戦争を象徴する言葉はない（対米戦における事象であるため、大東亜戦争の呼称はここでは用いない）。それほどにあの戦争は玉砕と不可分の関係にある。

玉砕の語源は巻頭に詳しいが、太平洋戦争においてこの言葉が使われたのは、一九四三年（昭和十八年）五月三十日、アッツ島の戦いにおいて日本軍守備隊の全滅を報じる大本営発表の中であった。

太平洋戦争の戦局は、島嶼部の支配をめぐる戦いにより動いたが、ガダルカナル島の攻防戦以降は、日本軍が占領した島々において、来寇するアメリカ軍を日本軍守備隊が迎え撃つ展開となった。

島嶼攻防戦は、守備隊が可能な限り持久して敵の占領を妨げ、その間に外部からの友軍の反撃、救援を期待するというのが筋である。しかしミッドウェー海戦で主力の機動部隊を喪失し、ガダルカナル島攻防戦で多数の艦艇や輸送船、航空機を喪失した日本海軍には、救援部隊を送り込む余力がない。また仮に船舶、兵員が揃ったとしても、敵前逆上陸を成功させるのに不可欠な装備や訓練、戦術、陸海軍の連携手段や、海兵隊のような組織を欠いているので、実施したくてもできないのが実情であった。

そうした不可避の玉砕の実態に焦点を当てているのが本書の特徴である。中身は玉砕で果てた十一の戦場＝島々について、その生存者の一人称視点が軸となる。なぜ日本軍がその島に進出し、何を狙ってアメリカ軍が攻略に出たのか、そのような背景も説明されている。しかし、その戦いが玉砕で終わっているという前提に立つと、時系列的な戦線、戦局の動きを中心に客観的な説明を試みた場合、どの島の戦いも、無機的な記述に偏ってしまう。戦いの全体像を摑むには、証言者の数があまりにも少なく、まして部隊指揮官、将校のレベルの生存者はほぼいないからだ。

もっとも、玉砕戦といっても、本当に全滅するわけではなく、極少数、偶然の結果捕虜や生存者が生じることがある。そうしたわずかな生存者への聞き取りから、玉砕に到るまで、現場で何が起こっていたのか、生存者の目線で細大漏らさず伝えるのが本書を貫く執筆姿勢となっている。

ところで、先に日本軍が「玉砕」という言葉を意識したのは、アッツ島攻防戦からだと説明したが、本書ではそれより先に、タナンボゴ島が採り上げられていて、アッツ島は二番目の扱いとなっている。

タナンボゴ島はガダルカナル島の北方、フロリダ島に付属する小さな島で、数百の守備隊が配備されていた。当時、ここに隣接するツラギには横浜航空隊の水偵が進出して、周辺海域に睨みを利かせていた。タナンボゴ島は、このツラギを守る外郭陣地となる。昭和十七年八月に米軍はガ島で反攻に出るのに際して、ツラギは最初に潰しておくべき日本軍拠点となった。たいていの戦記書や戦史本では、ツラギは米軍のガ島反攻の一環として、鎧袖一触、わずかな守備隊が壊滅した程度にしか触れられない。タナンボゴ島に到っては、触れられること自体が稀である。しかし、本書に掲載されたタナンボゴ島の戦いの顚末は、まさにアッツ島以降定義される「玉砕」の縮図である。この戦いの発見は、まさに著者の慧眼の賜と言うべきであろう。

短期決戦構想の破綻が招いた玉砕

戦い方に工夫や準備があれば、玉砕は避けられたのであろうか？　これは日本海軍が温めていた対米戦略と直結した問題である。

日露戦争に勝利して以降、日本海軍はアメリカを第一の仮想敵として戦力を整備していた。戦略構想は、まず緒戦に奇襲によってフィリピン、グアムをアメリカから奪い、中部太平洋を長駆来寇してくる米艦隊に対して有利な状況をつくり、日本近海で邀撃するというもの。資源と工業力でアメリカに遥かに劣る日本が勝利するには短期決戦しかない。短期決戦とは、言い方を変えれば、手持ちの戦力だけで戦争の勝敗を決することである。

このような戦力整備方針において、島嶼部への上陸戦闘や、敵前上陸作戦に必要な機材や兵員は重視されない。また陸軍の主戦場は中国大陸であり、戦備はソ連に備えてのもの。太平洋は海軍の領分という意識も強かったため、上陸作戦を重視する発想は生まれてこない。

ところが、対米戦が不可避になると状況が変わってくる。原油の禁輸措置をアメリカから受けた日本は、戦争遂行のために原油産出地帯であるオランダ領インドネシア（蘭印）の占領が必要になったからだ。すでに日本は中国との戦争の泥沼化に苦しんでいたが、この戦争を継続するためには蘭印を恒久的に占領、開発しなければならない。これは対米戦の短期決戦構想とは馴染まない状況であった。

しかし他の戦略的オプションを持たない日本は、艦隊戦で勝ち続けて有利な条件で講和するという希望にすがって戦争を仕掛けるほかなかった。そして第一段作戦として蘭印を占領した後、その外殻防御拠点となるニューギニア、ソロモン方面に占領地を拡大し、またもともと日本の委任統治領であった中部太平洋の島々にも、相応の兵力を配置することになる。結果として、太平洋に広く戦力をばら撒く形となったのだ。本来、地理的に孤立している島に兵力を分散配置するのは下策である。しかしこれらを機動的に運用するための海上輸送力を欠く日本としては、要地となる各島嶼に少しでも多くの兵力を配置することしかできなかったのである。

「いやしい瓦となって生命を全うするよりも、玉となって砕けよう」それが玉砕の意味であると、本書では説明されている。しかしそれは全滅を強いられた側の覚悟であり、他人が称揚すべきものではない。むしろ宝玉のような将兵をいたずらに砕いて捨てた軍部は、この言葉を前に恥じ入るべきであっただろう。

玉砕を演出した米海兵隊

それでは、アメリカはいったいどのような対日戦略を構想していたのであろうか。

日露戦争後、日本の圧力を認識したアメリカは「フィリピンを見殺しにしない」という基本方針から、対日戦ではカリフォルニアに艦隊戦力を集めて西太平洋に進出し、フィリピンが陥落する前に日本艦隊を破る短期決戦構想を固めていた。この展開であれば、日本の漸減邀撃構想はばっちり当てはまる。

ところが日本の軍拡が著しく、フィリピンの持久は不可能と判断したアメリカは、短期決戦方針を捨てる。そして安全に日本近海に決戦艦隊を進めるには、ミクロネシアなど日本の委任統治領の島々を拠点として確保することが必要であるとの結論に達した。これに伴い、海軍か陸軍に吸収される可能性が取り沙汰されていた海兵隊の役割が見直されるようになる。

それまで海兵隊とは、海軍所属の斬り込み戦闘部隊というべき存在であった。それが対日戦略の変更に伴い、一九二〇年代には敵前強襲上陸を専門とする水陸両用作戦部隊への変化が求められる。そして実質二〇年を費やした努力の結果が、太平洋戦争において日本軍が直面した、物量と火力の集中に裏付けられた、海兵隊を先鋒とするアメリカ軍なのであった。

本書においては、圧倒的なアメリカ軍を前に、救援が望めぬ絶望的な状況にもかかわらず最後の一兵まで勇戦するも玉砕に果てる日本軍将兵の姿が一貫して描かれる。

だが、これほどの勇敢な将兵をもってしても、日本軍は太平洋戦争を通じて、ただの一度も米軍の上陸意図そのものを挫けなかったという現実を見落とすべきではないだろう。日本軍に玉砕を強いたのは、海兵隊を始めとするアメリカ軍の実力でもあったのだ。

そして、玉砕の島のみが日本軍の悲劇の舞台ではなかった。例えば緒戦で占領した米国領有小離島のウェーク（ウェーキ）島は、昭和十九年には陸海軍合計四〇〇〇の守備兵力を擁していた。しかしアメリカ軍の反攻ルートから外れたこの島は、定期的に訓練のような空襲がある以外にはほぼ放置され、日本からも申し訳程度に潜水艦がわずかな食糧を運んでくるばかりという状況が続く。そして敵味方双方からうち捨てられたような状態で終戦を迎えたときには、主に飢えと栄養失調で一三四〇名の戦病死者を出しているのである。ウェーク島は極端な例であるが、終戦時に日本軍占領下のまま残った太平洋島嶼部の状況は大同小異であった。これもまた、物言わぬ玉砕であったと見るべきではないだろうか。

単行本　昭和五十五年八月　ＫＫベストセラーズ刊
文庫本　平成十二年五月　光人社刊
新装版　文庫本　平成十六年四月　光人社刊

NF文庫

玉砕の島　新装解説版

二〇二五年二月二十日　第一刷発行
著　者　佐藤和正
発行者　赤堀正卓
発行所　株式会社　潮書房光人新社
〒100-8077　東京都千代田区大手町一-七-二
電話／〇三-六二八一-九八九一㈹
印刷・製本　中央精版印刷株式会社
定価はカバーに表示してあります
乱丁・落丁のものはお取りかえ致します。本文は中性紙を使用
ISBN978-4-7698-3392-5　C0195
http://www.kojinsha.co.jp

NF文庫

刊行のことば

第二次世界大戦の戦火が熄《や》んで五〇年——その間、小社は夥しい数の戦争の記録を渉猟し、発掘し、常に公正なる立場を貫いて書誌とし、大方の絶讃を博して今日に及ぶが、その源は、散華された世代への熱き思い入れであり、同時に、その記録を誌して平和の礎とし、後世に伝えんとするにある。

小社の出版物は、戦記、伝記、文学、エッセイ、写真集、その他、すでに一、〇〇〇点を越え、加えて戦後五〇年になんなんとするを契機として、「光人社NF(ノンフィクション)文庫」を創刊して、読者諸賢の熱烈要望におこたえする次第である。人生のバイブルとして、心弱きときの活性の糧《かて》として、散華の世代からの感動の肉声に、あなたもぜひ、耳を傾けて下さい。

＊潮書房光人新社が贈る勇気と感動を伝える人生のバイブル＊

NF文庫

写真 太平洋戦争 全10巻 〈全巻完結〉
「丸」編集部編
日米の戦闘を綴る激動の写真昭和史——雑誌「丸」が四十数年にわたって収集した極秘フィルムで構築した太平洋戦争の全記録。

「千羽鶴」で国は守れない 戦略研究家が説くお花畑平和論の否定
三野正洋
中国・台湾有事、南北朝鮮の軍事衝突——戦争は前触れもなく突然勃発するが、戦史の教訓に危機回避のヒントを専門家が探る。

誰が一木支隊を全滅させたのか ガダルカナル戦大本営の新説
関口高史
作戦の神様はなぜ敗れたのか——日本陸軍の精鋭部隊の最後を生還者や元戦場を取材して分析した定説を覆すノンフィクション。

新装解説版 玉砕の島 11の島々に刻まれた悲劇の記憶
佐藤和正
太平洋戦争において幾多の犠牲のもとに積み重ねられた玉砕戦。苛酷な戦場で戦った兵士たちの肉声を伝える。解説／宮永忠将。

新装版 硫黄島戦記 玉砕の島から生還した一兵士の回想
川相昌一
米軍の硫黄島殲滅作戦とはどのように行なわれたのか。日米両軍の凄絶な肉弾戦の一端をヴィヴィッドに伝える驚愕の戦闘報告。

陸軍と厠 戦場の用足しシステム
藤田昌雄
戦闘中の兵士たちはいかにトイレを使用したのか——戦場における便所の設置と排泄方法を詳説。災害時にも役立つ知恵が満載。

＊潮書房光人新社が贈る勇気と感動を伝える人生のバイブル＊

NF文庫

大空のサムライ 正・続
坂井三郎
出撃すること二百余回——みごと己れ自身に勝ち抜いた日本のエース・坂井が描き上げた零戦と空戦に青春を賭けた強者の記録。

紫電改の六機 若き撃墜王と列機の生涯
碇　義朗
本土防空の尖兵となって散った若者たちを描いたベストセラー。新鋭機を駆って戦い抜いた三四三空の六人の空の男たちの物語。

私は魔境に生きた 終戦も知らずニューギニアの山奥で原始生活十年
島田覚夫
熱帯雨林の下、飢餓と悪疫、そして掃討戦を克服して生き残った四人の逞しき男たちのサバイバル生活を克明に描いた体験手記。

証言・ミッドウェー海戦 私は炎の海で戦い生還した！
橋本敏男
田辺彌八 ほか
空母四隻喪失という信じられない戦いの渦中で、それぞれの司令官、艦長は、また搭乗員や一水兵はいかに行動し対処したのか。

『雪風ハ沈マズ』 強運駆逐艦 栄光の生涯
豊田　穣
直木賞作家が描く迫真の海戦記！ 艦長と乗員が織りなす絶対の信頼と苦難に耐え抜いて勝ち続けた不沈艦の奇蹟の戦いを綴る。

沖縄 日米最後の戦闘
米国陸軍省 編
外間正四郎 訳
悲劇の戦場、90日間の戦いのすべて——米国陸軍省が内外の資料を網羅して築きあげた沖縄戦史の決定版。図版・写真多数収載。